# 谁代表伊斯兰讲话？

## 十几亿穆斯林的真实想法

本书以盖洛普全球民意测验（此类研究中最大范围的项目）为基础

[美] 约翰·L. 埃斯波西托（John L. Esposito）
[美] 达丽亚·莫格海德（Dalia Mogahed）著

晏琼英　王宇洁　李维建 译

中国社会科学出版社

图字：01－2008－4726 号

图书在版编目(CIP)数据

谁代表伊斯兰讲话：十几亿穆斯林的真实想法／(美)埃斯波西托，
(美)莫格海德著；晏琼英，王宇洁，李维建译．—北京：中国社会科学
出版社，2010.6(2013.12 重印)
  ISBN 978-7-5004-8792-0

  Ⅰ.①谁…  Ⅱ.①埃…②莫…③晏…④王…⑤李…
Ⅲ.①伊斯兰教—研究  Ⅳ.①B968

中国版本图书馆 CIP 数据核字(2010)第 090576 号

Who Speaks for Islam by John L. Esposito and Dalia Mogahed
Copyright © 2007 by Gallup Inc.
Original English Language Publication 2007 by Gallup Press
New York，NY，USA

| | | |
|---|---|---|
| 特约编辑 | 李登贵　等 | |
| 责任编辑 | 陈　彪 | |
| 责任校对 | 曲　宁　等 | |
| 封面设计 | 张建军 | |
| 技术编辑 | 王炳图 | |

| | | |
|---|---|---|
| 出　　版 | 中国社会科学出版社 | |
| 社　　址 | 北京鼓楼西大街甲 158 号　(邮编 100720) | |
| 网　　址 | http://www.csspw.cn | |
| | 中文域名：中国社科网　010－64070619 | |
| 发 行 部 | 010－84083685 | |
| 门 市 部 | 010－84029450 | |
| 经　　销 | 新华书店及其他书店 | |
| 印　　刷 | 北京君升印刷有限公司 | |
| 装　　订 | 廊坊市广阳区广增装订厂 | |
| 版　　次 | 2010 年 6 月第 1 版 | |
| 印　　次 | 2013 年 12 月第 4 次印刷 | |
| 开　　本 | 880×1230　1/32 | |
| 印　　张 | 9.75 | |
| 插　　页 | 2 | |
| 字　　数 | 190 千字 | |
| 定　　价 | 29.00 元 | |

凡购买中国社会科学出版社图书，如有质量问题请与本社联系调换
电话：010－64009791

献给我的父母，萨尔瓦·拉希德博士和艾尔萨伊德·莫格海德博士（Drs. Salwa Rashad and Elsayed Mogahed），是他们教我永不放弃。

———达丽亚·莫格海德


献给保罗和玛丽·帕格利奥（Paul and Mary Pagliaro），他们是埃斯波西托家族世世代代的支柱。

———约翰·埃斯波西托

# 对《谁代表伊斯兰讲话?》一书的褒评

（摘自原书书封）

在这些紧张加剧、敌意上升的黯淡日子里，再没有比这更及时的书了。

——德斯蒙德·图图大主教（Archbishop Desmond Tutu），诺贝尔和平奖获得者

西方与穆斯林世界之间不断加深的误解和愈演愈烈的暴力活动让我们的世界失去控制，这时候《谁代表伊斯兰讲话?》打断政客和专家们互相抵牾的巧言辞令，将通常沉默的穆斯林世界大众的声音呈现出来。我不能想象有比这更重要、更迫切的调解。

——迪帕克·恰普拉（Deepak Chopra），《和平是道路》一书作者

本书呈现的数据资料不仅耳目一新，而且不可或缺。《谁代表伊斯兰讲话?》应成为政策制定者、新闻工作者、媒体人士、教师、学生和学者的必读书。

——凯伦·阿姆斯特朗（Keren Armstrong），《神的历史》一书作者

该书深刻而尖锐，就穆斯林对宗教、民主、妇女权利、极端主义的看法以及穆斯林与西方的关系诸多领域提供了极具价值的洞见。这本书对学者、政策制定者、专业人士和非专业人士、美国人或者穆斯林都堪称必读书。

——瓦里·纳赛尔（Vali Nasr），《什叶派的复兴：伊斯兰教内部的冲突如何塑造其未来》一书作者

《谁代表伊斯兰讲话？》就我们这个时代最重要的问题提供指导。西方人和穆斯林究竟是如何看待对方的，该书展示了诸多意料之外的观点。

——杰西卡·斯坦（Jessica Stern），《以神之名的恐怖活动》一书作者

这是一本重要的书。9·11之后这些年，带有政治意图和过于轻率的结论一直蒙蔽了对穆斯林世界的真实认知。埃斯波西托和莫格海德却揭开真相。他们以有力的证据和无可辩驳的逻辑表明世界各地的穆斯林和其他人一样，有着同样的希冀和梦想，也有着共同的关注和问题。

——罗伯特·派普（Robert Pape），《拼死去赢：自杀式恐怖主义的战略逻辑》一书作者

　　《谁代表伊斯兰讲话?》再及时不过了。该书就世界大多数穆斯林在一些关键问题上的思想和态度提供了深刻洞见，这些问题包括民主、神权政治、极端主义、圣战、妇女的权利、西方和穆斯林世界合作或者对抗等。

　　——爱德华.P. 杰拉简大使（Embassador Edward P. Djerejian），前近东事务部助理秘书，赖斯大学公共政策研究所的创建主任

# 世界应当听听他们的声音
## ——代译者前言

吴云贵

不久以前，我的几位年轻同事共同完成了一部宗教学著作的译稿，希望我抽空看看，帮助他们"把把关"。我知道他们这样说是出于礼貌和客气，因为三位译者都是学有专长的宗教学博士，英语基础也比较好，以他们的水平和能力，出色地完成译稿是可以预期的。审读书稿证实了我的预判。

这部即将面世的译稿，书名叫做《谁代表伊斯兰讲话?》。本书不同于作者以往发表的许多学术专著，它是在专项民意调查基础上完成的一部调查报告。"谁代表伊斯兰讲话"既是美国盖洛普公司民调机构为这次历时 6 年（2001—2007 年）覆盖 35 个国家居民的专项调查设计的总题目，也是本书第一作者约翰·埃斯波西托教授 10 余年来在著述中经常讨论的一个话题。书中所讨论的实际上是话语权的问题。作者认为，2001年"9·11"之后的数年间，美国主导的国际"反恐战争"对于以和平为宗旨的伊斯兰教和世界穆斯林造成许多严重的伤害。而精神、心理上最大的伤害，莫过于美国和西方主流媒体在伊斯兰问题上对普通公众的长期误导——其典型表现是"劫持这一和平的宗教"，在本质上将伊斯兰教与恐怖主义联系在一起。之所以出现这种情况，原因固然很复杂，但是有一点非常值得注意，就是当今世界一方面在热议"伊斯兰问题"，同时却很少听取伊斯兰教的信仰主体——世界12亿多穆斯林的意见和想法。因此，本书最重要的价值在于它提供的较为真实、客观、丰富的信息资料，这些信息资料在较高程度上代表了"伊斯兰教沉默的多数"的声音，这对科学决策大有好处，同时也有助于人们全面、客观地看待伊斯兰教。

初读这部译著，给我留下一个强烈的印象：本书字里行间流露出对伊斯兰教和世界穆斯林充分的同情、理解和友善。但作者仍然是在西方话语权范围内来关注和介绍伊斯兰教及世界穆斯林对一些重大问题的立场、观点和态度的。作者以民调的名义锁定了西方人集中关注的三大问题展开讨论。

一是伊斯兰教与西方民主制度是否相容的问题。作者希望通过民调对与此相关的一系列具体问题做出解答和释疑。这些具体问题包括：伊斯兰教世界何以普遍缺乏民主？伊斯兰教本质上是否与民主思想、民主制度相容？世界穆斯林是否赞赏和欢迎民主制度？伊斯兰教沙里亚（至高无上的"真主之道"）所体现的"神权政治"是否符合西方政治理念中的民主精神？

二是伊斯兰教是否与恐怖主义相关的问题。内容涉及：恐怖主义产生的根源是什么？伊斯兰教是否与极端主义相关？传统伊斯兰教"圣战观"（吉哈德）是否会导致恐怖主义行为？穆斯林是否同情或宽恕恐怖主义？反西方的激进主义是否源自伊斯兰文化？

三是经常引起国际争议的妇女地位问题。内容涉及穆斯林妇女的宗教观、社会观、权利观问题。例如：穆斯林妇女是否赞赏西方价值观所肯定的政治自由、言论自由和两性平等？穆斯林妇女对于伊斯兰教及其神圣律法有何感受？穆斯林男女对于社会地位、社会分工以及扮演的家庭角色等有何感受？

显而易见，上述诸多问题在很大程度上是为了解答当今的西方人特别是美国人的疑问而精心设计的，它们更多的是那些长期在西方文化和社会制度下生活的人们"想出来"的问题。这些问卷如能获得满意的答案，固然有利于世界穆斯林与西方人之间的思想文化交流和沟通；可是如果换个位置思考，比如由世界各国的穆斯林向西方人提问，他们关注的具体内容又将是什么呢？

读过本书最后一章（第五章）以及后面的"结语"，读者便不难了解作者撰著此书的真实动机和良苦用心。这一章所要回答的一个根本问题，实际上也是作者为美国政府决策者提出的一项带有方向性的政策建议。这就是美国处理与伊斯兰世界关系问题应当从根本上改变那种以冲突和对抗为基础的不当政策，转而采取互相尊重、友好合作的政策。

第一大圣寺麦加禁寺

资料来源：muslimphotos.net–Photos from Muslim locations from all over the world

本书第一位作者约翰·L. 埃斯波西托教授是我结识多年的一位老朋友，现执教于美国乔治敦大学，是美国学术界著名的伊斯兰教和中东问题专家之一。他在该校发起和建立的"穆斯林—基督徒理解中心"，其主旨正是为了促进伊斯兰文化与西方基督教文化之间的互相尊重、密切接触和友好交流，以利于人类的团结进步、共同发展。一如他在 10 年前发表的《伊斯兰威胁：神话还是现实?》一书（中译本于 1999 年由社会科学文献出版社出版）中所表达的自由主义和文化宽容思想，作者在本书中再次就一度充斥于美国和西方学术界的"文明冲突论"展开批判。作者提醒人们注意这一谬误理论近年来的四大显著表现：其一是别有用心地散布"伊斯兰恐惧症"，将"反恐"等同于反伊斯兰教，不加分析地将穆斯林视为恐怖主义"罪犯"；其二是煽动对欧洲穆斯林移民的仇恨和排拒，宣称随着外籍移民人数的不断增长，欧洲最迟将会在本世纪末"被阿拉伯化"；其三是故意回避恐怖主义滋生的社会历史和政治根源，宣称美国之所以遭到恐怖袭击是因为"价值观冲突"，因为美国人有自由、民主、人权；其四是继续挑起事端以证明"文明冲突论"正确无误，2005 年因丹麦一家报纸发表诋毁伊斯兰教先知穆罕默德的漫画而引发一场国际冲突就是其典型的表现。

本书在结尾部分提出了若干政策建议，这些建议是否合理、可行，不属于我们这些"局外人"考虑的问题。不过从学术思考的角度也可以谈一点看法，权当做本文的结束语。本书作者在谈到他们通过民调得到的"重大发现"时指出，穆斯林与西方国家之间的冲突并非不可避免，因为冲突的根源不是"原则分歧"而是西方不当的政策。作者释放这种善意是为了反驳文明冲突不可避免的片面观点，但是如果从根本上否认伊斯兰世界与西方之间在价值

**第二大圣寺麦地那先知寺**

资料来源：muslimphotos. net – Photos
from Muslim locations from all over the world

**第三大圣寺远寺（阿克萨清真寺）**

资料来源：www. Islamonline. net

观方面的原则分歧，恐怕与实际情况会有很大出入。也许实质性的问题并不在于不同文明之间是否存在"原则分歧"，而在于用什么样的态度去对待不同的文化和文明。

　　还可以再谈一点见仁见智的看法。本书作者所提出的"谁代表伊斯兰"的问题，恐怕是一个难以明确回答的问题，但是同时也是一个非常重要的问题。近代以来，由于宗教解释主体呈现多元化的趋势，而世界伊斯兰教历来没有一个权威性的代表机构，因此各种不同的解释主体（教派、学派、思潮、运动、宗教领袖、学者个体等等）实际上都有权对伊斯兰教进行解释，只是不能以自己的解释取代他人的解释。穆斯林大众的意见当然也非常重要，但是人们很难把他们的意见集中起来，反馈给更广大的人群。正是在这个意义上，人们应当感谢本书所提供的丰富的、有价值的信息！

# 目　录

# 导论:伊斯兰教沉默的大多数

在"9·11"恐怖事件之后,被许多人视为美国与穆斯林世界部分地区之间的持续冲突明显加剧了。暴力活动呈几何数字上升,穆斯林和非穆斯林一样,不断成为全球恐怖主义的牺牲品。从摩洛哥到印度尼西亚,从马德里到伦敦,恐怖袭击时有发生,而在阿富汗和伊拉克,战争硝烟弥漫。从"9·11"之后到本书写作时,战争和恐怖主义已经夺去成千上万人的生命,其中绝大部分牺牲者是平民。

我们在一个似乎比以往任何时候都更失控、更危险的世界里,与这些野蛮的行径进行斗争,恐怖主义研究专家和学者认为伊斯兰教应该为全球恐怖主义负责的种种分析充斥着耳目。与此同时,像基地组织这样的恐怖组织也在全世界散播信息,它们将西方妖魔化成伊斯兰教的敌人,认为西方要为穆斯林世界的所有问题买单。

仇恨的言论和不断升级的暴力之下,在穆斯林世界的反美主义现象以及西方的"伊斯兰恐惧症"（Islamophobia）中显现出的对伊斯兰教和穆斯林的歧视，或说敌意已经显著加深。"9·11"之后，美国总统乔治·W.布什强调美国正在发动的战争是反对恐怖主义而不是反对伊斯兰教。① 然而，少数恐怖分子的持续活动，宣教者（穆斯林和基督徒一样）仇恨的言论，以及反穆斯林或反西方的谈话节目主持人和政治评论家的言论，已经煽动起公众的情绪，并且扭曲了事实。

> 近四分之一的美国人说他们不希望有穆斯林做邻居；不到半数的美国人相信美国穆斯林忠诚于美国。

作为宗教的伊斯兰和主流的穆斯林大众被等同于少数极端分子的信仰和活动。例如，在盖洛普一份《2006今日美国》（2006 USA Today）的民意调查中发现，相当数量的美国人承认对穆斯林起码存有某种偏见，并且认可对穆斯林采取高度安全措施，认为这是防范恐怖主义的必要之举。同一个调查表明，44%的美国人认为穆斯林的宗教信仰过于极端。22%即将近四分之一的美国人坦言，他们不

① 新闻秘书办公室，2001年9月20日，《致国会联席会议和美国人民的演说》（*Address to a joint session of Congress and the American people*），2007年9月14日摘自 http：//www. whitehouse. gov/news/releases/2001/09/20010920-8. html。

希望和穆斯林做邻居；认为美国穆斯林忠诚于美国的人还不到一半。①

　　这些负面的认识以及不断增长的种种暴力难道仅仅是一个前奏，表明西方和13亿穆斯林之间的全面战争不可避免吗？在这个问题上，诸多声音中缺失了至关重要的一环——普通穆斯林的真实想法。这对于西方和穆斯林社会——事实上对整个世界的未来——都是危险的，现在到了在争论中倾听民主之声音的时候了。

> 　　我们的调查对象涵盖了全球13亿穆斯林的90%以上，从而成为迄今为止对当代穆斯林进行的规模最大、最全面的调查研究。

　　《谁代表伊斯兰讲话？——十几亿穆斯林的真实想法》就是指向这**沉默**的大多数。本书是盖洛普一项庞大而历时长久的研究成果。从2001—2007年，盖洛普进行了成千上万个以小时计算的面对面访谈，访谈的对象覆盖了超过35个国家的居民，这些国家要么穆斯林人口占多数，要么拥有相当数量的穆斯林人口少数派。被抽样的穆斯林有老有

---

　　① 萨阿德（Saad，L），2006年8月10日，"反穆斯林情绪相当普遍"（Anti-Muslim sentiments fairly commonplace），《盖洛普民意调查新闻服务》（*Gallup Poll News Service*），2007年12月20日摘自 http://www.gallup.com/poll/24073/AntiMuslim-Sentiments-Fairly-Commonplace.aspx。

少，有受教育的也有文盲，还有男女和城乡之别。盖洛普采用了随机抽样的方法，其结果在统计学上的误差控制在正负三个百分点之内。总体上，我们的调查对象涵盖了13亿穆斯林的90%以上，从而成为迄今为止对当代穆斯林进行的规模最大、最全面的调查研究。

**巴基斯坦乡下的女孩**
资料来源：晏琼英摄

在汇集了代表世界各地穆斯林观点的大量数据之后，我们努力通过这些数据为每个人都有的疑问寻求答案：穆斯林世界反美主义的根源是什么？谁是极端主义者？穆斯林是否渴望民主？如果是，那么是怎样的民主？穆斯林妇女真正的愿望是什么？本书的理念很简单：带着这些问题，让统计数字和调查材料——十几亿穆斯林的声音，而不是哪一个"专家"或者"极端分子"——来给出答案。

盖洛普的研究有很多发现，其中最重要的一点是：穆斯林与西方国家的冲突并非不可避免。冲突的原因是政策而不是原则。不过，只有政策的制定者直接听到民众的声音，并且对这一冲突有准确的认识，各个方面的极端主义才会失去它们的基础。

一本书远不足以容纳这项研究所发现的全部内容，因此我们选择了最重要的、有时可能是令人惊讶的结论呈现给读者。以下是部分与人们的直觉相反的发现：

- 谁代表西方？：世界各地的穆斯林并不认为西方是铁板一块。他们批评或者欢迎一个国家是基于这个国家的政策，而不是它们的文化或者宗教。
- 梦想的工作：当描述对未来的梦想时，穆斯林提及的不是"圣战"，而是能有一份更好的工作。
- 反对激进主义：穆斯林和美国人一样反对攻击平民，认为这在道德上是非正义的。
- 宗教温和派：那些宽恕恐怖主义行为的人只是少数，他们并不比其他穆斯林更虔诚。
- 对西方的赞赏：世界各地的穆斯林都表示，他们最赞赏的是西方的技术和民主——这与美国人对同一问题的答案高度一致。
- 对西方的批评：世界各地的穆斯林表示，他们对

西方最反感的是西方的道德沦丧和传统价值的崩
溃——这和美国人对同一问题的反应一样。

- 性别公正：穆斯林妇女既渴望在其社会中拥有平
等的权利，也要宗教。

- 尊重：世界各地的穆斯林表达了同样的愿望：西
方想要改善与穆斯林社会的关系，就应该修正他
们的偏激看法并且尊重伊斯兰教。

- 教职人员和宪法：调查对象的大多数不希望宗教
领袖直接参与宪法起草制定，但是希望宗教法能
够成为立法的渊源之一。

下面是本书将要探讨的主要问题之概述：

第一章　谁是穆斯林？

在许多西方人的头脑中，"9·11"恐怖事件已经给
伊斯兰教和穆斯林罩上了一层阴霾。不过自 2002 年以
来，盖洛普的民意调查表明，大多数美国人仍然承认自
己实际上对穆斯林国家人们的想法和信仰一无所知。① 对
许多西方人来说，除了那些耸人听闻的新闻标题以及各种
暴力图景之外，他们并不了解穆斯林信仰什么，崇尚什

① 莫格海德（Mogahed, D.）和纽波特（Newport, F.），2007 年 2 月 2 日，
"美国人：穆斯林国家的人民对美国持消极看法"（Americans: people in Muslim Coun-
tries have negative views of U. S.），《盖洛普民意调查新闻服务》，2007 年 12 月 27 日
摘自 http: //www. gallup. com/poll/26350/American-People-Muslim-Countries-Negative-
Views-US. aspx。

么，伊斯兰教的基本信仰对当今时代诸议题的回应，他们也一无所知。

**第二章：民主还是神权政治？**

伊斯兰教与民主真的难以调和吗？为什么中东的民主如此薄弱？这些数十年来一直存在的问题仍然主导着外交事务。绝大多数穆斯林是希望一个民主制国家还是一个神权政体的国家？乔治·W. 布什政府将推进民主作为入侵伊拉克的理由之一，同时也将其作为中东政治转型的理由之一。被调查者中羡慕西方的政治自由、珍视和渴望更大程度自决权的那些人中，绝大部分认为美国在中东的民主政策符合他们的愿望。但是，如果对民主的渴望是坚定不移的，为什么通往民主的道路不能更加平稳和快捷呢？穆斯林世界的大多数人所说的民主是什么？美国想要推进这一民主的诚意又有多少？

**第三章：激进主义者是怎样产生的？**

对全球恐怖主义的战争引出了关于全球恐怖主义的实质，以及与之进行斗争的策略等许多问题：有多少公众支持恐怖主义？这种支持的首要原因是什么？恐怖主义的同情者憎恨西方以及西方的生活方式吗？政治激进主义者和温和的主流大众不同之处在哪里？伊斯兰教和恐怖主义的关系是什么？吉哈德（jihad）与自杀式爆炸的关联又如何？

**第四章：妇女们想要什么？**

几个世纪以来，对西方人来说，穆斯林妇女是阴谋和怜悯的对象。但是穆斯林妇女却甚少有机会自己说话，表达自己。什么是穆斯林妇女真实的愿望？她们对女性的权利、宗教以及西方的看法又是怎样？推动穆斯林妇女赋权运动最有效的方式是什么？

**第五章：冲突还是共存？**

向全球恐怖主义开战的关键是消除所有先入为主的臆测和成见，达成一种伙伴关系，从而超越将世界分成"我们"和"他们"的观念。穆斯林各方，世界的各个政府以及各个国家的人民在促成这一点上都是至关重要的。不过，不管今天穆斯林和非穆斯林对宗教狂热和恐怖主义有何看法，他们都感觉到了被其包围的压力。问题真的是西方和穆斯林世界的对抗？真的存在文化的冲突？是宗教的问题，还是政治的问题？在与极端主义和恐怖主义的斗争中，赢得民心和头脑的关键是军事行动还是政治政策？什么是应该做的？

盖洛普的许多发现对常规的认识是一种挑战，因此可能会让很多人惊讶甚至愤怒。本着科学探究的精神，我们鼓励读者挑战和质疑自己的知识。正如阿尔伯特·爱因斯坦（Albert Einstein）所言："重要的是不要停止质疑。"他还说："一个人应该寻求真相，而不是想当然地下判断"。因此，下面的内容供您客观思考。让数据引领我们的讨论。

# 第一章 谁是穆斯林？

几乎毫无例外，当西方媒体谈到伊斯兰教和穆斯林文化时，话题总是聚焦于宗教极端主义和全球恐怖主义：有多少穆斯林支持极端主义和恐怖活动？极端主义和恐怖主义的产生与伊斯兰教以及穆斯林有怎样的关联？为了应对和消除宗教极端主义和全球恐怖主义，应该做些什么？伊斯兰教有改革的希望吗？

这些是很重要的问题，它们将会在下面的章节中得到解答。但是想要理解本书呈现的复杂而微妙的发现，很有必要超越那些耸人听闻的大标题和暴力的图景，它们往往影响了对伊斯兰教的认识以及对穆斯林的全面了解。穆斯林信仰的到底是什么？他们的信仰所强调的原则是什么？他们的希望和梦想又是什么？

向美国人提供这些问题的答案尤其有意义。目前很多美国人不认为伊斯兰教或者穆斯林社会有什么改良的希望。在 2005 年 12 月盖洛普公司对美国家庭进行的民

意调查中,[1] 当问及他们认为穆斯林社会最值得称道的是
什么，"没有" 是最频繁的回答。而第二个最常见的回答
是什么呢？是 "我不知道"。这两个回答加起来占到被调
查的美国人的大多数（57%）。

**俄罗斯的巴什基尔穆斯林**
资料来源：塔塔尔族网友刺猬提供

---

① 莫格海德（Mogahed，D），2006 年 2 月 8 日，"美国人对伊斯兰世界的看
法"（Americans' views of the Islamic world）《盖洛普民意调查新闻服务》，2007 年 12
月 27 日摘自 http://www.gallup.com/poll/21349/Americans-Views-Islamic-World.aspx。

## 全球穆斯林：能否一概而论？

> 世界上大多数穆斯林生活在亚洲和非洲，而不是阿拉伯世界。

当很多人在宽泛的、无所不包的意义上谈论伊斯兰教和穆斯林的时候，伊斯兰教就存在多种解释，穆斯林之间也很不相同。穆斯林来自各个民族、种族、部族以及文化，他们语言各异，风俗习惯也大相径庭。世界上大多数穆斯林生活在亚洲和非洲，而不是阿拉伯世界。只有五分之一的穆斯林是阿拉伯人。最大的穆斯林群体是在印度尼西亚、孟加拉国、巴基斯坦、印度和尼日利亚，而不是在沙特阿拉伯、埃及或伊朗。在欧洲、美国和加拿大有数百万的穆斯林，在这里伊斯兰教是第二大或者第三大宗教（在欧洲和加拿大是第二大宗教，在美国是第三大宗教）。因为全球化和移民潮，今天穆斯林居住的大城市不仅仅是那些听起来充满异国情调的遥远之地，比如开罗、大马士革、巴格达、麦加、伊斯兰堡和吉隆坡，还有伦敦、巴黎、马赛、布鲁塞尔、纽约、底特律和洛杉矶。

伊斯兰教和穆斯林在宗教、文化、经济和政治方面都表现出丰富的多样性。

宗教方面，穆斯林或者是逊尼派（85%）——逊尼派在绝大多数穆斯林国家是多数派；或者是什叶派（15%）——什叶派的人口在伊朗、伊拉克和巴林是绝对多数。在先知穆罕默德去世后，逊尼派认为应该推选最有资格的人担任他的继承人。少部分人——阿里的追随者（什叶派），宣称先知穆罕默德已经指定了其堂弟兼女婿阿里为领导者——即伊玛目（imam）①，而领导权必须保证限制在先知的家族内部。与逊尼派的统治者哈里发相区别，什叶派的伊玛目既是宗教领袖，也是政治领袖，并且有特殊的精神意义。

什叶派穆斯林后来分裂为三个主要的支派，更增加了这一多样性。这三个支派是：栽德派（Zaydis）；伊斯玛仪派（Ismailis），这一派今天的领袖是哈佛毕业的阿迦汗（Aga Khan）；十二伊玛目派（Ithna Ashari），这一派在伊朗和伊拉克是多数派。和其他的宗教一样，伊斯兰教也有不同的——有时甚至彼此争斗的——教义学派、教法学派和苏菲（神秘主义）教团。最后，不管是逊尼派还是什叶派穆斯林，都有在宗教方面非常严格的，也有不那么严格的，有保守派和改革派、原教旨主义和世俗主义、传统主流以及宗教极端主义之分。

全球的13亿穆斯林居住在欧洲、北美和世界各地的大

---

① 伊玛目一词意为"站在前列的"、"首领"，一般指穆斯林集体礼拜时站在前列的领拜人。也是什叶派对自己所拥戴的宗教领袖的称呼。——译者注

约 57 个国家里，这些国家或者有相当的穆斯林人口，或者以穆斯林人口为主体。① 今天大的穆斯林社团不只存在于达喀尔②、喀土穆、开罗、大马士革、利雅德、德黑兰、伊斯兰堡和吉隆坡，也存在于伦敦、巴黎、罗马、柏林、纽约和华盛顿特区。穆斯林不仅说阿拉伯语，也说波斯语、土耳其语、乌尔都语、斯瓦西里语、印尼语和汉语，还有英语、法语、德语、丹麦语和西班牙语。

**土耳其伊兹密尔海边的少年**

资料来源：怡然摄

---

①　伊斯兰会议组织，成员国信息，2007 年 9 月 14 日摘自 http：//www.oic-oci. org。

②　塞内加尔首都。——译者注

穆斯林妇女的服饰、教育和就业机会以及社会参与程度同样具有很大的差异性。在一些穆斯林社会，妇女不能开车并且有严格的性别隔离，但是在穆斯林世界的其他很多地区，妇女可以开车、骑摩托车甚至驾驶飞机。一些地区法律规定穆斯林妇女在公共场合必须严实地包裹自己，而其他一些地区则禁止带头巾。当越来越多的穆斯林妇女选择包裹头部，另外一些穆斯林妇女却拒绝这样做。在阿联酋和伊朗的大学，女学生占多数。在其他一些国家，妇女甚至在基础教育方面都远远落后于男性。

在土耳其、巴基斯坦、孟加拉国和印度尼西亚等国家，妇女进入议会和内阁并且可以成为政府首脑，但是在另外一些穆斯林国家，妇女正在为争取投票和竞选权而斗争。穆斯林妇女可能穿纱丽、套装、牛仔服、裙装或者衬衫，就像穆斯林男性可能穿宽松的长袍、牛仔、毛线套衫或者三件套职业装，可以蓄须或者剃须。

穆斯林世界多样性最显著的例子或许是在经济和政治发展方面。经济方面，石油资源丰富、发展迅速的海湾国家，如卡塔尔、阿联酋和沙特，与马里和也门这样贫穷、战乱不断的不发达国家有着天壤之别。政治方面，伊朗、苏丹和阿富汗塔利班的伊斯兰政权与更具世俗倾向的埃及、叙利亚、土耳其和印度尼西亚政府也形成鲜明的对比。

在土耳其、阿尔及利亚、约旦、埃及、科威特、也门、巴基斯坦和马来西亚，伊斯兰行动主义者是主流社会中的"另类精英"。而在一些国家里，伊斯兰组织的成员

**2006 年国际苏菲主义艺术节上土耳其的苏菲歌舞表演**
资料来源：晏琼英摄

或前成员已经通过竞选进入议会和内阁，甚至成为首相或总统，比如在土耳其、科威特、约旦、伊拉克、黎巴嫩、苏丹、伊朗、埃及、巴基斯坦、马来西亚和印度尼西亚。在开罗、阿尔及尔、贝鲁特、棉兰老岛、西岸①和加沙地区，伊斯兰组织在贫民窟和中低阶级街区提供社会服务，以及低廉而有效率的教育、法律、医疗服务。

而一直以来——并且与上面形成鲜明对比的——打着伊斯兰教旗号的武装组织将穆斯林社会恐怖化；他们攻击

---

① 　即以色列和约旦之间的约旦河西岸。——译者注

**埃及庆祝圣纪**

资料来源：马光月摄

纽约世贸大厦和华盛顿特区的五角大楼；在马德里和伦敦实行爆炸。他们所反映的是威胁着穆斯林世界和西方世界的一种极端主义思想。

伊斯兰教丰富的多样性和温和的穆斯林主流被绝对少数的政治（或者意识形态）极端分子屏蔽和模糊了。在一个只划分"我们"和"他们"的世界，伊斯兰教——而不只是那些激进的穆斯林——被视为一种全球的威胁，同时，那些相信文明冲突日益逼近的人，不仅仅是本·拉登们，也包括我们中间的很多人。

## 信仰的重要性

那么，宗教在穆斯林生活中真正发挥的作用是什么？根据盖洛普公司在2001年以及2005—2007年间，对以穆斯林人口为主体或者有庞大穆斯林人口的国家进行的民意调查显示，在许多国家，大多数穆斯林（有些达到90%）认为宗教是他们日常生活的一个重要部分。相当数量的人把"拥有丰富的宗教/精神生活"作为生活一个基本的不可或缺的方面。当问到他们对伊斯兰世界最赞赏的是什么，在穆斯林人口为主体的土耳其、沙特阿拉伯和印度尼西亚这样有巨大差异性的不同国家，大多数人居第一位的回答都是"人们对伊斯兰教的虔诚"。

> 当问到他们对伊斯兰世界最赞赏的是什么，在土耳其、沙特阿拉伯和印度尼西亚这样有巨大差异性的不同国家，大多数人居第一位的回答都是"人们对伊斯兰教的虔诚"。

很多穆斯林视宗教为身份认同最显著的标示，它是意义和指导、慰藉和团结的源泉，是进步的关键。许多以穆斯林为人口主体的国家，无论男性还是女性，绝大多数都希望能够将伊斯兰教的原则——沙里亚——作为立法的渊源。这些反应和大多数美国人希望《圣经》能够作为立法的一个渊源颇有共同之处。[1] 他们和美国人一样，都强调家庭价值观的重要性，同时对社会道德有深切关注。事实上，穆斯林世界的回答和相当数量的美国人的回答是一致的：他们对西方文明最不欣赏的是其社会过度的自由主义。

**巴基斯坦什叶派的阿术拉节**

资料来源：晏琼英摄

---

① 盖洛普民意调查，基于 2006 年 2 月 17—22 日对 808 名年龄在 18 岁和 18 岁以上的公民进行的电话访谈。访谈对象是从盖洛普的家庭库中随机选取的，这个家庭库最初也是通过随机抽选的方式建立的。因为统计结果以这一样本为基础，因此可以有 95% 的把握保证样本的误差幅度在 ±4%。

对穆斯林来说，伊斯兰教不是外部观察者可能认为的那样，仅仅是进行裁决和惩罚的限制性框架。对很多穆斯林来说，它是一个灵性的精神地图，提供意义、指导、目的和希望。在以穆斯林为主要人口的国家，绝大多数人说他们的生活有一个重要的目的（90%的埃及人，91%的沙特人）。

宗教的重要性由穆斯林谈到的传统和习俗再次强化了，这些传统和习俗也将继续在他们的生活中发挥重要的作用。当问到"传统和习俗对你重要还是不重要？"时，在许多以穆斯林为主体人口的国家中，大多数人回答"重要"：在约旦这一比例是96%，沙特阿拉伯为95%，土耳其为90%，埃及为87%。与此形成鲜明对照的是，对同一个问题回答"重要"的美国人为54%，而在欧洲，英国的比例为36%，法国为20%，比利时为23%。

如果宗教被很多穆斯林认为是生活的核心价值观，那么在那些敏感的想象和极端分子的宗教煽动之外，是什么让这个信仰赢得如此众多人的虔敬？成为一个穆斯林意味着什么？是哪些原则能够对遍及全世界、语言和文化各不相同的超过十亿的人们产生如此之大的号召力？

## 唯一的神和多位先知:基本信仰和实践

对全世界如此之多的穆斯林来说，信仰是生活的核心，因此，想要充分理解他们遵从的到底是什么，必须对伊斯兰教有一个基本的了解。本书的这一部分，讨论伊斯兰教的基本信仰，这对那些不太熟悉伊斯兰教或者对伊斯兰教根本一无所知的读者尤其有用。

> 伊斯兰意味着"对真主完全地顺服"，在阿语里这个词和"和平"，即"色兰"（salaam）是同一个词根。

"伊斯兰"的意思是"对真主完全地顺服"，并且和阿拉伯语的"和平"（salaam）是同一个词根。一些穆斯林神学家将伊斯兰教定义为"顺服真主的意愿而获得和平"。这个简括的定义非常重要，因为穆斯林认为在历史的任何时期，任何人只要达到这些标准就是穆斯林。因此，第一个穆斯林，不是先知穆罕默德，而是第一个人类以及真主的第一个先知阿丹（亚当）。伊斯兰教强调真主给所有的民族都派遣了先知和使者（《古兰经》35：24）①，他们都传达信仰唯一神的基本启示，在这一点上，所有的先知都被认为是"穆斯林"。

---

① 这节经文是："我确已使你本真理而为报喜者和警告者。没有一个民族则已，只要有一个民族，其中就有警告者曾经逝去了。"本书所有《古兰经》译文均出自马坚译本。——译者注

> 你说："我们确信真主，确信我们所受的启示，与易卜拉欣，易司马仪，易司哈格，叶尔孤白和各支派所受的启示，与穆萨，尔撒和众先知所受赐与他们的主的经典，我们对于他们中的任何一人，都不加以歧视，我们只归顺他。"（《古兰经》3：84）

和摩西、耶稣一样，先知穆罕默德（570—632 年）生于中东并且在这里接受启示，而伊斯兰教也是在这里迅速传播的。穆斯林崇拜的是亚伯拉罕的神，和基督徒、犹太人的神是同一个。虽然是一个新宗教，穆斯林却相信伊斯兰教是亚伯拉罕信仰传统的延续。因此，正如在第二次世界大战期间，形成了今天人们普遍承认的犹太教—基督教传统的现代意义一样，今天这样一种认知也正在逐渐形成，即存在一个犹太教—基督教—伊斯兰教传统，亚伯拉罕所有的子孙都包括于其中。

> 基督的母亲，玛丽亚，其名在《古兰经》中被提及的次数超过《新约》。

穆斯林承认圣经中的先知以及神将启示传于摩西（律法，《旧约》之首五卷）和耶稣（《福音书》）。实际上，

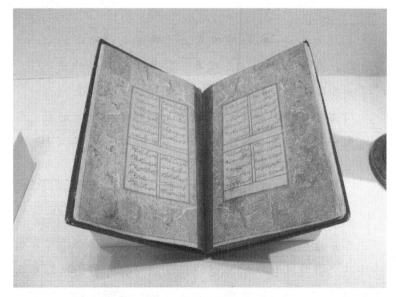

**美国大都会博物馆古老的手抄本《古兰经》**
资料来源：晏琼英摄

穆萨（摩西）、尔撒（耶稣）和麦尔彦（玛丽亚）都是穆斯林常用的名字。犹太人、基督徒和穆斯林都把他们的经书追溯到亚伯拉罕。犹太人和基督徒研读的新旧约中的许多故事和人物，也是穆斯林要学习的（亚当和夏娃，诺亚方舟，十诫，大卫和所罗门，玛丽亚和耶稣），只是有时赋予其不同的解释。比如，在《古兰经》里，亚当和夏娃不服从真主，一起吃了禁果①，这一违逆并不给其后代

---

① 他（指恶魔）用欺骗的手段使他俩堕落。当他俩尝了那棵树的果实的时候，他俩的阴部便对自己显露出来了，他俩只好用园里的树叶遮盖自己的阴部。他俩的主喊叫他俩说："难道我没有禁止你俩吃那棵树的果实吗？难道我没有对你俩说过，恶魔确是你俩的明敌吗？"（7：22）——译者注

"原罪"。同样的，基督的母亲玛丽亚，在《古兰经》里提到她的次数比《新约》里还多。在《古兰经》里描述了圣母玛丽亚以处女之身生出耶稣，在伊斯兰教中，耶稣被认为是最伟大的先知之一，但是不认为他具有神性。

根据《古兰经》，不同群体在信仰、文化和传统方面的差异和多样性是真主造物的安排，并且是真主智慧的体现：

如果真主意欲，他必使你们变成一个民族。但他把你们分成许多民族，以便他考验你们能不能遵守他所赐予你们的教律和法程。故你们当争先为善。你们全体都要归于真主，他要把你们所争论的是非告诉你们。（《古兰经》5：48）

他的一种迹象是：天地的创造，以及你们的语言和肤色的差异，对于有学问的人，此中确有许多迹象。（《古兰经》30：22）

众人啊！我确已从一男一女创造你们，我使你们成为许多民族和宗族，以便你们互相认识。在真主看来，你们中最尊贵者，是你们中最敬畏者。真主确是全知的，确是彻知的。（《古兰经》49：13）

虽然没有一个社会可以超脱种族偏见，但是今天的穆斯林仍然为伊斯兰教的平等主义思想而自豪。比如，一个摩洛哥的受访者认为穆斯林世界最值得称道的是伊斯兰教关于种族平等的信条。"我高度认可伊斯兰教的价值观和教义，以及穆斯林所持的非种族主义的立场。"

《古兰经》强调不分种族和部落，信仰者因共同的信仰结为统一体。能够将世界范围内千差万别的穆斯林整合为一体的这一信仰的核心是什么？如同基督教徒看待基督和《新约》，以及犹太教徒看待摩西和律法一样，穆斯林将先知穆罕默德和《古兰经》、真主的使者和启示，看做终极的、完美的、充分的启示。并且，因为先知穆罕默德和早期穆斯林社团在传播伊斯兰教和建立统治方面的巨大成功，逊尼派穆斯林对"第一代"穆斯林（称为圣门弟子）做了理想化的描述，并将其作为典范——成为衡量、判断和改革社会的普遍参考依据。

## 信仰的表白

> 万物非主，惟有真主，穆罕默德是真主的使者。

一个人要成为穆斯林，只需进行如上的信仰表白（shahada）。这句话在穆斯林每日的礼拜中要重复多次，它确认了伊斯兰教信仰的基础：信仰独一的真神和他的使者——先知穆罕默德。

> "万物非主，惟有真主"意味着除了真主别无一物值得"崇拜"——这一信仰渗透到穆斯林生活的方方面面。

将任何被造物与真主联系在一起都是以物配主，是不可恕之罪。这就是为什么伊斯兰艺术通常不会描绘真主或先知穆罕默德，而特别重视书法、几何图形和蔓藤花纹的图饰。不过，认主独一理念（阿拉伯语"tawhid"）的高度超出很多西方人的想象。这是伊斯兰教的核心，是最根本的理念，伊斯兰教的每个方面——从伊斯兰教的教义到实践，都是由此衍射开来。"万物非主，惟有真主"意味着只有真主值得"崇拜"——而不是金钱、野心或自我，这一信仰渗透到穆斯林生活的方方面面，从礼拜到如何对待邻居和从事商业活动。如果别无他物、唯有真主值得敬拜，那么所有的人类都是平等的，诚如先知穆罕默德说过"就像同一把梳子上的发齿"。

清真言的第二部分，"穆罕默德是真主的使者"，将"认主独一"理念转变为一种生活方式的模式。就像耶稣之于基督教，先知穆罕默德被穆斯林认为是真主的最后一位先知，并成为穆斯林最重要的榜样；但是和基督教徒对耶稣的认识不一样，先知穆罕默德对穆斯林来说只是一个

"人"。穆斯林不仅将他看做最理想的政治和军事领袖、政治家、商人、法官和外交家，还看做最完美的丈夫、父亲和朋友。先知穆罕默德受到如此尊崇，因此穆罕默德这个名字，以及由其派生的名字（如艾哈默德，马赫穆德）成为穆斯林中最常见的名字。

穆斯林将先知穆罕默德视为人类生活的完美榜样。关于他生平的故事——哈迪斯（hadith）卷帙浩繁，记录了据信是先知的一言一行：他如何对待朋友和敌人，如何对待政治首领和仆人，如何对待配偶和孩子，以及他在战争中如何行事。在先知穆罕默德生前，在穆斯林整个历史上和今天，穆罕默德都被看做"活的《古兰经》"，他的一言一行无不体现真主的意志。逊尼派穆斯林从逊奈中取名，其意为他们是遵循先知榜样的人。

为了将"认主独一"的理念体现在每日的生活中，穆斯林通过被称为"伊斯兰教支柱"的五项宗教功课将理论化为实践。在第一支柱"信仰的表白"之后是礼拜（salat）。

# 礼　　拜

对全世界大多数穆斯林来讲，礼拜是一个最核心、最普遍的行动。从凌晨到深夜，穆安津①召唤全世界的穆斯

---

① 即宣礼员，清真寺内按时呼唤穆斯林做礼拜的人。——译者注

林去礼拜。"安拉乎阿克巴尔……真主至大……来礼拜"，穆安津的召唤提醒穆斯林，真主高于他们正在做的任何事情，所以将手头的事情暂时放在一边，用一点时间来纪念真主。不过，虽然鼓励穆斯林在听到召唤的时候放下一切事情去礼拜，但是他们也可以稍后再做礼拜。

在一些穆斯林国家，商店关门，办公室职员停止工作去礼拜室。技术人员和工人只是放下手里的工作面向麦加敬拜真主。在非穆斯林国家，许多穆斯林，从政府官员到律师合伙人，从工人到店员，会找一个安静、私密的地方来做礼拜。星期五中午，穆斯林会去清真寺参加聚礼（主麻，jum'a）。如我们在《古兰经》中读到的：

> 信道的人们啊！当聚礼日召人礼拜的时候，你们应当趕快去记念真主，放下买卖，那对于你们是更好的，如果你们知道。（《古兰经》62：9）

对那些听不到穆安津唤拜声的人来说，实际上每份穆斯林报纸上都印有当地的礼拜时间。旅行者在互联网上可以找到地球上任何一个地方的礼拜时间，或者可以对自己的手表进行设置提醒自己。在穆斯林世界的旅店里，房间里通常有一个小小的"格布来"（Qibla）指示器，放在桌子上或者床头，指示麦加的方向。

很多西方人可能对穆斯林礼拜的次数感到吃惊。最近，在一个讨论在穆斯林国家做生意的研讨会上，一个美

**摩洛哥首都拉巴特最大的清真寺逊奈清真寺里父子在做礼拜前的小净**

资料来源：muslim photos.net–Photos from Muslim Locations from all over the world

国商人坦率地说，"一天五次似乎有点多"。不过，萨尔玛（Salma），一个虔诚的穆斯林，也是一个美国管理顾问，如此解释主命拜：

> 在我们这个富足的社会人们每天进食几次？营养学家提倡三次正餐加两次点心，不过，如果你是十几岁的男孩，更想有五次正餐和十次点心。伊斯兰教不只是将人看作一个生物的存在，更认为人是一个精神的存在，那么，正如我们的

生物属性需要一天之内按时的营养供应一样，我们的精神属性也有这样的要求。

　　我在拂晓去上班前礼晨礼。我在午餐时间和下午一个10分钟的休息时间做我的晌礼和晡礼，我的另外两次礼拜在我下班回家后：在傍晚我礼昏礼，睡觉前礼宵礼——灵魂五次小小的进餐。坦白说，我不能想象，如果没有与真主持续的联系，我怎么能应付繁重的工作和家庭事务。

**麦地那先知寺礼拜**

资料来源：muslim photos.net–Photos from Muslim Locations from all over the world

> 穆斯林做礼拜不仅仅因为这是一项宗教义务，还因为这使他们感到更接近真主。

　　盖洛普研究发现全世界穆斯林有相似的认知。穆斯林做礼拜不仅仅因为这是一项宗教义务，还因为这让他们感到更接近真主。在 2001 年盖洛普公司的一次民意调查中，在 7 个穆斯林人口占多数的国家，绝大多数受访者表示，礼拜能够极大地帮助他们克服个人的焦虑。在其中 6 个国家，超过三分之二的受访者给出同样的回答（摩洛哥：83%；巴基斯坦 79%；科威特：74%；印度尼西亚：69%；黎巴嫩和伊朗：68%）。只有在土耳其，有 6% 的人说他们觉得礼拜对缓解他们个人的焦虑毫无作用（相反，有 53% 的土耳其人认为礼拜对他们有很大的帮助）。[①]

　　礼拜和穆斯林信仰的其他重要方面的紧密关系，如下所言："礼拜把我们带到走向真主的半途，斋戒引领我们来到他乐园的门前，天课使我们获准进入。"

---

　　①　布克霍德（Burkholder, R.），2002 年 9 月 17 日，"礼拜在伊斯兰世界的意义"（The role of prayer in Islamic world），《盖洛普民意调查新闻服务》，2007 年 12 月 27 日摘自 http：//www. gallup. com/poll/6814/Role-prayer-Islamic-world. aspx。

# 莱麦丹的封斋

莱麦丹（Ramadan，伊历九月）为期一个月的封斋是约束身体和进行精神反思的时间。从破晓到太阳落山，穆斯林禁止饮食和性行为；进行宗教沉思和祈祷；行善；施舍帮助不幸的人。在太阳落山的时候，可以先稍微进食作为开斋。莱麦丹月以伊斯兰教两大节日之一、庆祝开斋的节日结束，叫做"尔德·菲德尔"（Eid al-Fitr）即开斋节。这一庆祝活动类似圣诞节，有同样的宗教欢快氛围，有特别的庆祝活动并且互赠礼物。

**孟加拉在斋月为孤儿提供的开斋饭**

资料来源：http://bbs.2muslim.com/viewthread.php?tid=109236&extra=page%3D5&page=2

# 天　课

天课（zakat，意为"净化"）要求奉献一年流动资产的2.5%、而不只是年收入的2.5%给穷人、患病者和遭遇困难的人。这并不被看成是自愿行为或者是一种施舍，而是被视为分享来自真主的财富。伊斯兰教非常强调社会责任。《古兰经》谴责那种宿命论，即认为穷人的命运是真主的意愿，因此且由他们去吧：

巴基斯坦伊斯兰堡法赛尔清真寺斋月周五主麻聚礼之后
资料来源：晏琼英摄

> 如果有声音对他们说:"你们应当分舍真主所赐予你们的。"那末,不信道者将对信道者说:"真主欲供养谁就供养谁,我们何必供养他呢?你们只是在明显的迷误中。"(《古兰经》36:47)

同时,据信先知穆罕默德曾经说过"施予之手胜过索取之手",以鼓励自立自救。[1]

## 去麦加朝觐

念清真言,每日五次礼拜,莱麦丹封斋和完纳天课是伊斯兰教五大支柱(也称为伊斯兰教五功)中的四个——要求全体穆斯林一致遵行。第五项是去圣城麦加朝觐(hajj)。正如穆斯林统一一天五次面向麦加天房礼拜,同样的,每年超过200万的信仰者从世界各地来到这个先知穆罕默德降生和首次获得真主启示的地方。男性换上象征纯洁、团结和平等的戒衣,共同参与再现重要宗教事件的仪式当中。那里没有隔离。朝觐过的穆斯林描述了这一不可置信的体验:200万朝觐者一起赞颂真主,人人平等,进入神圣的场所,与超越他们自身的存

---

[1] 《布哈里圣训实录》卷2,书24,508则(Sahih Bukhari, Volume 2, Book 24, Number 508)。

**朝觐的盛况**

资料来源: muslim photos.net–photos from Muslim Locations from all over the world

在相联系。

这一经历使黑人激进主义者马尔科姆·X 的思想发生了重大的转变。朝觐期间的体验让他谴责种族主义的巧言辞令及其对人类的兄弟之情有了更包容的理解。在他发自麦加的一封信中，他写道：

这里有成千上万的朝觐者，来自世界各地。从金发碧眼的白人到黑皮肤的非洲人，肤色各异。但是我们全都参与到同一个仪式中，展示出一种团结和兄弟之情，而我在美国的经历原本使我以为，这种精神在白人和非白人之间永远不会存在。[1]

**巴基斯坦边境古尔邦节的会礼**

资料来源：中穆网 Qasim 摄

在为时五天的朝觐之后，全世界的穆斯林一起庆祝宰牲节（Eid al-Adha），这是纪念真主给亚伯拉罕送来一只羊、以替代他的儿子作为牺牲。对穆斯林家庭来说这是一个重要的欢庆时刻，很像犹太人庆祝光明节[2]（Hanukkah）、基督

---

① 马尔科姆·X（Malcolm X），沙特阿拉伯吉达，1964年4月20日，《马尔科姆·X：演讲和宣言选集》（*Malcolm X speaks：selected speeches and statements*），布雷特曼（George Breitman）编，New York：Grove Press，1990年，第59页。

② 光明节又称哈努卡节、灯节，是纪念公元前2世纪犹太人针对希腊—叙利亚王国发动的有关反对在耶路撒冷的犹太教神殿中供奉希腊神像的起义。光明节总共持续8天，人们每天都要在烛台上点燃一支蜡烛以示纪念。——译者注

教徒庆祝圣诞节，人们欢聚一堂，互相拜访并互赠礼物。

## 吉哈德：为主道而战

> 在《古兰经》中任何一处，吉哈德既不等同于圣战，也不和"圣战"发生关联。

吉哈德（Jihad），在《古兰经》中的意思是"奋斗"，尽自己全力去实现真主的意志，过有道德的生活。它有时被认为是伊斯兰教信仰的第六大支柱，但是它不具有那么正式的地位。吉哈德在《古兰经》中任何一处都和"圣战"（holy war）没什么关联，更不等同于"圣战"。不过在历史上，穆斯林统治者在宗教学者和官员们的支持下，确实利用吉哈德的名义使帝国的扩张战争合法化。早期的极端主义群体也以伊斯兰教之名，使他们的造反、暗杀以及推翻穆斯林统治者的图谋合法化。

在先知穆罕默德和他的弟子为了逃避在麦加受到的迫害，迁徙（hijra）到麦地那之后不久，真主降示了《古兰经》中最早的关于进行"防御性"的吉哈德或斗争的经文章节。在穆斯林为保卫生命而被迫进行的一次战斗中，先知得到启示："那些因被枉亏而战斗的人得到允许离开——确实，真主是能援助他们的——他们被从家里驱逐，只因他们说：'我们的主是真主'。"（《古兰经》22：

39—40）① 吉哈德"防御战"的实质在《古兰经》第 2 章
第 190 节也得到明确的强调："你们当为主道而抵抗进攻
你们的人，你们不要过分，因为真主必定不喜爱过分者。"
一直以来，先知穆罕默德在所有的关键时刻，都从真主那
里得到启示，对吉哈德提供指导。

随着穆斯林社团的扩张，很快就出现了战争期间什么
行为是恰当的问题。《古兰经》为战争行为制定了详细的
原则和指导：谁是战争的对象，谁可以被豁免（《古兰经》
48：17 和 9：91）②，什么时候必须终止敌对（《古兰经》
2：192—193）③ 以及如何对待俘虏（《古兰经》47：4）④。

---

① 经文原文是：被进攻者，已获得反抗的许可，因为他们是受压迫的。真主
对于援助他们，确是全能的。（《古兰经》22：39）他们被逐出故乡，只因他们常
说："我们的主是真主。"要不是真主以世人互相抵抗，那么许多修道院、礼拜堂、
犹太会堂、清真寺——其中常有人记念真主之名的建筑物——必定被人破坏了。凡
扶助真主的大道者，真主必定扶助他；真主确是至强的，确是万能的。（《古兰经》
22：40）。——译者注

② 具体经文是："瞎子无罪，跛子无罪，病人无罪。谁服从真主和使者，真主
要使谁入那下临诸河的乐园；谁规避他，他将使谁受痛苦的刑罚"（《古兰经》
48：17）；"衰弱者、害病者、无旅费者，（他们不出征）都无罪过，如果他们忠于
真主及其使者。行善的人们是无可非难的；真主是至赦的，至慈的。"（《古兰经》
9：91）。——译者注

③ "如果他们停战，那末，真主确是至赦的，确是至慈的。"（《古兰经》2：
192）

"你们当反抗他们，直到迫害消除，而宗教专为真主；如果他们停战，那末，除
不义者外，你们绝不要侵犯任何人。"（《古兰经》2：193）。——译者注

④ "你们在战场上遇到不信道者的时候，应当斩杀他们，你们既战胜他们，就
应当俘虏他们；以后或释放他们，或准许他们赎身，直到战争放下他的重担。事情
就是这样的，假若真主意欲，他必惩治他们；但他命你们抗战，以便他以你们互相
考验。为主道而阵亡者，真主绝不枉费他们的善功。"（《古兰经》47：4）。——译
者注

最重要的，如《古兰经》第 2 章第 194 节的经文强调，反对暴力和侵略的战争以及回击必须是适度的："谁侵犯你们，你们可以同样的方法报复谁"。

不过，《古兰经》的一些经文也强调应该把和平而不是暴力和战争作为准则。允许与敌人作战是在对和平的强烈要求这一限制之下的："如果他们倾向和平，你也应当倾向和平，应当信赖真主。"（《古兰经》8：61）以及："如果他们退避你们，而不进攻你们，并且投降你们，那末，真主绝不许你们进攻他们。"（《古兰经》4：90）。从最早的时候开始，伊斯兰教就严格禁止杀害非战斗人员以及妇女、孩子、僧人和拉比，除非参与了战斗，否则他们是被豁免的。

但是，那些有时候被认为是"宝剑章节"的经文怎么讲？如："禁月逝去的时候，你们在哪里发现以物配主者，就在那里杀戮他们，俘虏他们，围攻他们，在各个要隘侦候他们。"（《古兰经》9：5）在批评者摘录并用以谴责伊斯兰教的诸多经文中，这是其中的一节。同样这些经文也被宗教极端分子有选择地使用（或者说滥用），发展出了一种"仇恨神学"和不宽容，并借此把对不信仰者无条件的战争合法化。

在扩张和征服时期，很多宗教学者（乌里玛）声称"宝剑章"废除或者替代了《古兰经》中更早的、将吉哈德限制为自卫战的章节。不过实际上，"禁月逝去的时候，你们在哪里发现以物配主者，就在那里杀戮他们"这一节经文被孤立地引用时，其完整的含义和意旨就丢失或者被扭曲了。因为其后紧跟的经文对此进行了限定："如果他们悔过自新，谨守拜功，完纳天课，你们就放走他们。真主确是至赦的，确是至慈的。"（《古兰经》9：5）同样的事实也存在于另一节常被引用的经文中："当抵抗不信真主和末日，不遵真主及其使者的戒律，不奉真教的人，即曾受天经的人，你们要与他们战斗"，这节经文经常被引用，其后的"直到他们依照自己的能力，规规矩矩地交纳丁税"（《古兰经》9：29）却被漏掉。①

今天吉哈德仍然有多重含义。它被用来描述为了美好的、有道德的生活，为了履行家庭责任，为了净化邻里关系、与毒品斗争或是致力于社会正义的个人的奋斗。吉哈德也被用于解放战争、抵抗运动和恐怖活动。宗教极端组织在 1981 年暗杀了埃及总统安瓦尔·萨达特（Anwar Sadat）；在以色列、巴勒斯坦、伊拉克和阿富汗以自杀式炸弹杀害无辜民众；制造了"9·11"袭击事件；其后还持续不断地在穆斯林国家和欧洲进行其他全球恐怖主义活动。许多主流的穆斯林教法学家已经宣布，极端分子所鼓吹的"反对异教徒的吉哈德"是对《古兰经》的误读，他们也指出，一些经文中教导说如果全能的真主意欲，他必然能够消除不信仰。因此，无须任何穆斯林为了真主使用

---

① 埃斯波西托（Esposito, J. L.），《关于伊斯兰教我们都应该知道些什么》（*What everyone needs to know about Islam*），纽约：牛津大学出版社。

武力来消除不信仰。

> 假若真主意欲，他们必不以物配主。我没有以你为他们的保护者，你也绝不是他们的监护者。（《古兰经》6：107）
>
> 我全知他们所说的谰言，你不能强制他们，故你应当以《古兰经》教诲畏惧我的警告的人们。（《古兰经》50：45）
>
> 如果他们的拒绝使你难堪，那末，如果你能找着一条入地的隧道，或一架登天的梯子，从而昭示他们一种迹象，（你就这样做吧）假若真主意欲，他必将他们集合在正道上，故你绝不要做无知的人。（《古兰经》6：35）

《古兰经》指出自足的真主无须使用武力，因而也禁止使用武力来赢得皈依者：

> 他的知觉，包罗天地。天地的维持，不能使他疲倦。他确是至尊的，确是至大的。对于宗教，绝无强迫。（《古兰经》2：255—256）

2001年盖洛普的民意调查捕捉到了吉哈德的多重含义。调查中，9个以穆斯林人口为主体的国家10004名成年人都被问到一个可自由回答的问题："请用一个词（或者最少的词）告诉我你对'吉哈德'的理解。"

**巴勒斯坦的难民**

资料来源：中穆网图库

在调查的四个阿拉伯国家（黎巴嫩、科威特、约旦和摩洛哥）中，对吉哈德最多的描述是"对真主的义务"、"神圣的义务"或"敬拜真主"，没有一个词提及战争。穆斯林个人的定义还包括：

- "投身辛苦的工作"和"实现人生目标"。
- "为一个高尚的目标奋斗"。
- "推进和平、和谐、合作和互助"。
- "按照伊斯兰教的原则生活"。

在一则广为人知的圣训中，吉哈德非暴力的和暴力的两个主要含义形成了对照。这则圣训记述道，当先知穆罕默德从战场归来时对身边的人说："我们从小吉哈德（战争）回到了大吉哈德。"大吉哈德是与自负、自私、贪婪和邪恶进行斗争，这是更艰难和更重要的斗争。[①] 不过，非常有必要强调的是，对穆斯林来说，无论吉哈德意味着灵魂的战斗还是刀剑的战斗，都应该是正义和道德的战斗。吉哈德一词只有积极的正面的内涵。

## 家庭和文化

> 在有相当数量穆斯林人口的国家里，大多数受访者说他们的"生活中充满了爱"。

婚姻和家庭生活是伊斯兰教的基准，也是社团生活的核心。2001 年盖洛普公司在 9 个穆斯林人口占多数国家的民意调查显示，绝大多数穆斯林认为结婚和生育子女是最重要的（比如，81% 的科威特人和摩洛哥人持有这一观点）。这反映在许多被调查者对他们期许的未来生活的描述中，相当多的人表示他们的愿望是找到"相爱的另一

---

[①]　埃斯波西托，"吉哈德：圣战还是非圣战？"（Jihad：holy or unholy war?），2007 年 9 月 14 日摘自文明联盟网（the Alliance of Civilizations），http：//www. un-aoc. org/reposito-Jihad-holy-Unholy. pdf。

半"并组建一个家庭。家庭关系是穆斯林对伊斯兰社会最
赞赏的诸方面之一，这表明家庭不仅仅为穆斯林所珍视，
还是他们为之骄傲的一个社会属性。一点也不惊奇，在
2005—2007 年对穆斯林人口占多数、或者是拥有相当数量
穆斯林人口的国家进行的调查中，绝大多数受访者说他们
的"生活中充满了爱"（例如，95％的埃及人和92％的沙
特人）。

巴基斯坦伊斯兰堡人家

资料来源：晏琼英摄

家庭的重要性聚焦于母亲所享有的地位。2001 年对主
要穆斯林国家的民意调查中，受访者将母爱肯定为"真主
的恩赐，世界万物的源泉"。妇女往往被看做文化的承载

者，家庭单元的中心，她提供了保障道德和社会秩序的力量，为下一代创造安定的环境。

一则著名的圣训说明了伊斯兰教赋予母亲的尊敬：一个人问先知穆罕默德，谁最值得优待，先知的回答是："你的母亲"。如果我们考虑到当时传统部落社会的习俗，就一点也不奇怪这个人会感到非常惊讶。他又问先知："然后呢？"先知再次回答："你的母亲"。这个困惑不解的人问了第三次，"再然后呢？"先知仍然回答："你的母亲。"最后，在问到第四次时，先知回答："你的父亲。"①

家庭法被认为是"沙里亚的核心"，它是坚固的、以伊斯兰教为导向的家庭结构和社会的基础。在19世纪的殖民统治和西方主宰之下，家庭保护了穆斯林的宗教、文化和社会，也成为进行政治反抗的一个场所。在急剧变化、不可预料、有时还带有敌意的20世纪，失业、经济贫困以及战争和被迫移民带来的经济、政治和个人的压力，是许多穆斯林国家的家庭必须要面对的。

在穆斯林世界很多地方，讨论的焦点是现代化社会中男性、女性以及儿童角色和权利的变动。当一些受访者指出他们最不欣赏西方社会的一个方面就是传统家庭的瓦解时，穆斯林社会的这些讨论尤其值得关注。比如来自巴基斯坦的书面访谈指出：

---

① 《穆斯林圣训实录》2章，书32（Sahih Muslim Chapter 1，Book 32）。

"18岁的年轻人可以独自决定任何事情,父母无足轻重;他们对待父母的方式很糟糕。"

"他们举止粗俗,不尊重长者。"

"他们家庭观念淡薄,不在乎其他人的感受。"

鞑靼斯坦的塔塔尔人

资料来源:塔塔尔族网友刺猬提供

# 对辉煌过去的记忆

大多数穆斯林，不论是受过教育的还是没受过教育的，都谙熟那些赞美英雄和伟大帝国的、富有罗曼蒂克色彩的伊斯兰历史的故事。这些故事，和《古兰经》传达的启示以及先知穆罕默德的生活榜样一起，是穆斯林最为珍视的精神和价值指导源泉，同时赋予穆斯林社团强烈的认同感。

在先知穆罕默德去世后的 100 年内，穆斯林创建了一个从北非到印度次大陆的帝国，一个超过了罗马鼎盛时期的帝国。从 7 世纪到 18 世纪，一个穆斯林可以生活在一个伊斯兰帝国里或者诸多苏丹国中的一个，这些国家从廷巴克图①一直延伸到棉兰老岛。

穆斯林也创造了丰富的伊斯兰文明，促进了宗教和文化的交融和互动。从帝国内基督教和犹太教臣民那里得到极大的帮助，穆斯林收集了来自西方和东方的科学、医学和哲学名著，将它们从希腊语、波斯语、埃及古语、古叙利亚语和梵语翻译成阿拉伯语。

翻译运动之后是一个伟大的创造时期，受过良好教育的新一代穆斯林思想家和科学家在哲学、医学、天文学、

---

① 现名通布图（Tombouctou），马里历史名城，位于撒哈拉沙漠南缘，尼日尔河中游北岸。1087 年图阿雷格人所建。中世纪是伊斯兰教学术和文化中心。——译者注

光学、艺术以及建筑学方面作出自己的贡献。穆斯林还是
高明的数学家。事实上，代数学（algebra）一词就来自阿
拉伯语词 al-Jabr。

**埃及艾资哈尔大学**

　　艾资哈尔清真寺从 969 年开始修建，从 975 年开始有学生在这里学习，是世界最古老
的大学之一，也是今天穆斯林世界最具权威的大学。资料来源：http://www.treklens.com/
gallery/Africa/Egypt/photo388288.htm

　　当欧洲人走出黑暗时代，借助于穆斯林的学术中心重
拾他们丢失的文化遗产，并且从穆斯林那里学习先进的哲
学、数学、医学和科学，文化的输出模式翻转了。具有讽
刺意味的是，直到最近，穆斯林的这些成就在西方仍然不
被认可或不被宣讲。就像很少有人承认存在一个犹太教—
基督教—伊斯兰教传统，认识到伊斯兰文明的作用以及穆
斯林对西方文明贡献的人更是寥寥无几。

　　对很多穆斯林来说，一种宗教的世界观以及对那些强

大、富有、辉煌的伊斯兰帝国和苏丹国的记忆，确证了伊斯兰教是真主的启示，也确证了忠诚于真主的回赐。另一方面，一些人将穆斯林在欧洲殖民主义或今天所谓的美国新殖民主义之下的失败、对外国势力的屈服以及所感受到的穆斯林政府的腐败，都归因于没有坚持对真主的信仰，没有遵循伊斯兰教的正道。

在一则经常被提及的圣训里，先知穆罕默德告诉他的同伴们，他们应当知道真主是否喜悦穆斯林群体取决于他们的领袖。如果真主喜悦一个群体，"他让他们中最优秀者做他们的领导。"而如果他不喜悦，"他会允许他们中最糟糕的来领导"。今天，当许多穆斯林批评他们的社会政治腐败，缺少政治自由，经济停滞不前时（同时他们称赞西方的政治和经济进步），他们仍然将伊斯兰教而不是西方价值观，视为前进的方向。同时，在许多被调查的国家中，大多数人将穆斯林社会的进步和"道德以及精神价值联系在一起"。

## 今天穆斯林的希冀和梦想是什么？

穆斯林面临的问题以及他们的关切点与其他任何群体一样。当问到他们的希冀和梦想，很多受访者首先提到经济问题：更好的经济条件、就业机会，以及提高生活水平有更好的未来。紧跟其后的是完善法律和秩序、消除国内冲突和战争、在国家的政治制度内推进民主思想、提高国家的国际地位和自主能力、赢得其他国家更多尊重、拒绝外国干预。同时，国内事务方面优先考虑的是通过更好的教育体制根除文盲和愚昧，实现性别平等、社会正义和宗教自由。

## 宗教与政治

许多穆斯林认为宗教绝不仅仅是个人的信仰。和政教分离的信念相反，伊斯兰教里，宗教和社会、信仰和权力是紧密地交织在一起的。纵观伊斯兰教历史，成为一个穆斯林不只是仅仅意味着属于一个信仰群体或清真寺，而是生活在一个伊斯兰社团或者国家当中，受伊斯兰教法的统辖。从历史的角度来看，伊斯兰教对政治和文明的形成与发展发挥了巨大的作用，促生了辽阔的伊斯兰帝国、国家和伊斯兰文明。

和其他宗教的信仰者一样，穆斯林一直在寻求对其信仰更为深入的理解和诠释。伊斯兰教法学、教义学和神秘主义的发展反映了这一复杂的过程。

宗教学说、教法和实践不只是源自经典明确的指示和规定，也来自可能犯错误的、有局限性的诠释者，他们的观点是其智识、政治和社会环境以及习俗的反映，还受到强权和特权的影响。比如，伊斯兰教的诠释者和护卫者绝大部分是生活在家长制社会中的男性，这自然会影响到对伊斯兰教法和思想——特别是关于妇女和家庭规定方面的解释。

和犹太人、基督教徒一样，今天的穆斯林需要回应信仰与理性、科学及技术相关联的一系列问题：进化论、控制生育、人工授精、器官移植、生态学、核能源以及战争与和平的问题。在当代社会中，很多穆斯林在努力挖掘伊斯兰教内部的多元性和灵活性。他们要同时进行两场战争：一场是针对极端分子的战争，这些人号称自己独占了伊斯兰教真理；另一场是反对我们中那些夸大极端主义的人，这些人不把极端主义少数派视为危险的偏离，而将其等同于伊斯兰教。

> 阿拉伯人只占全球穆斯林人口的 20% 左右。

今天的穆斯林努力在现代世俗世界里重新定义自己的宗教传统。当代，伊斯兰教是否应该被限定于个人生活，还是应该成为国家、法律和社会的有机部分？伊斯兰教和政治参与的各种现代形式——比如民主制度、或是人权以及妇女、宗教少数派和非穆斯林的地位——是否相容？在下面的几章里我们要探索这些问题和其他一些问题的答案。

**要点：**

* 穆斯林世界的诸多语言、习俗和种族，显示出巨大的多样性。全世界有57个国家以穆斯林人口为主、或者有相当数量的穆斯林少数派。阿拉伯人只占到全球穆斯林人口的20%左右。

* 信仰和家庭是穆斯林生活的核心价值观，穆斯林将这些视为穆斯林社会最宝贵的财富。

* 穆斯林和犹太人、基督徒一样，信仰亚伯拉罕体系的神并且承认亚伯拉罕、摩西和耶稣等圣经中的先知。

* 吉哈德有多重含义。其本义是"为主道而奋斗"。伊斯兰教的战争伦理禁止攻击平民。

# 第二章　民主还是神权政治？

我在伦敦办理去爱丁堡的手续时，一个移民官问我：
"约翰，你去爱丁堡做什么？"当他听到我说："做一个关
于伊斯兰教和民主的报告"，他笑了，在我的护照上盖章，
然后说："那会是一个很短的发言。"

他的观点和政府、智库以及媒体中的许多人的认识是
一样的，即伊斯兰教或者说穆斯林天然与民主不相容。从
欧洲到美国的专家、学者和政府官员们也都在强调这一
观点。

在"9·11"之后，弗朗西斯·福山，一个前新保守
主义理论家，写道：

> 现代性有一个文化基础。自由民主和自由市
> 场不是在任何地方都有效。它们只有在那些具
> 有特定价值观的社会才能够运作良好，这些价
> 值观的源起可能不是完全理性主义的。现代自

由民主最早出现在西方基督教社会绝非偶然，因为民主权利的普世性可以被看作基督教普世性的世俗形式……但是，伊斯兰教、特别是近年来已经占上风的原教旨主义版本的伊斯兰教中，似乎确实有什么，让穆斯林社会格外抗拒现代性。①

英国首相托尼·布莱尔以下面的观点来说明入侵伊拉克的正当性：

这个新世界面临着新威胁：无序和骚乱要么产生于伊拉克这样的、以大规模杀伤性武器武装起来的野蛮政府；要么产生于极端的恐怖主义组织。二者都仇视我们的生活方式、我们的自由、我们的民主。②

政府官员、国会议员和专家中的另一些人，响应如萨缪尔·亨廷顿和伯纳德·刘易斯这样的专家，呼吁警惕"文明冲突"的危险。政策制定者和专家们的这种

① 弗朗西斯·福山（Francis Fukuyama），2001 年 10 月 11 日，"西方已经胜利"（The West has won），《卫报》（The Guardian），2007 年 9 月 14 日摘自 http：// www. guardian. co. uk/waronterror/story/0，567333，00. html。

② "首相对国民的演讲"（Prime Minister's address to the nation），2003 年 3 月 20 日发表于唐宁街，2007 年 9 月 14 日摘自 http：//www. pm . gov. uk/output/ Page3327. asp。

认识根深蒂固，这反映了穆斯林世界的一部分政治现实：

- 穆斯林人口占多数的国家中，只有四分之一有民主选举出的政府。

- 许多穆斯林国家的统治者宣称他们是通过正常选举当选的，得票率在90%到99.9%。突尼斯的总统本·阿里在1999年的总统选举中赢得99.4%的选票，2004年赢得94.5%的选票。埃及总统霍斯尼·穆巴拉克在1999年大选中赢得94%的选票，在2005年赢得88.6%的选票。

- 大多数穆斯林政府控制或者严格限制政治反对党和非政府组织。政府有权力许可、禁止或解散这些组织，同时还控制它们的公共集会以及与媒体接触。

> 被调查者中称许西方的政治自由、珍视和渴望更大程度的自决权的那些人中，绝大部分认为美国在中东的民主政策符合他们的愿望。

例如在2001年，阿卜杜拉（Abdullah）登上约旦国王宝座后的第二年，他在议会期满时解散了议会，并且以

"安全"为由，将选举推迟了两年多。① 出于对穆斯林兄弟会在 2005 年国会选举中赢得五分之一席位后声望日隆的恐惧，埃及总统穆巴拉克突然取消定于 2006 年春天的地方选举。② 由于穆斯林兄弟会在埃及仍然是非法的，所以它的候选人只能以个人身份参加竞选。尽管沙特阿拉伯在 2005 年进行了公民投票以选举出市议会，但是这些市议会几乎没有任何权力。资深亲王们允诺的很多改革措施从来没有兑现过。③

正是在这样的背景下，美国总统乔治·W. 布什指出穆斯林世界民主缺失的重大影响，并将民主化作为美国外交政策的核心目标和绝佳理由。民主制度比专制制度更稳定。稳定的民主政治会制约政治冲突、激进主义、暴力和恐怖主义的发生。

被调查者中称许西方的政治自由、珍视和渴望更大程度的自决权的那些人中，绝大部分认为美国在中东的民主

---

① "约旦 2005 年简报：民主发展年表"（Jordan：year in brief 2005—a chronology of democratic developments），2006 年 1 月 15 日，联合国区域整合资讯中心（IRIN），2007 年 9 月 14 日摘自 http：//www. irinnews. info/s-report. asp? ReportID = 51118&SelectRegion = Middle-East。

② 萨曼（Samaan，M.），2006 年 12 月 9 日，"反对派担心宪法修订将导致政治退步"（Opposition fear constitutional amendments would lead to political setback），《埃及每日新闻》（Daily News Egypt），2007 年 9 月 14 日摘自 Http：//www. dailystaregypt. com/article. aspx? ArticleID = 4724。

③ 法塔赫（Fattah，H.），2007 年 4 月 25 日，"沙特阿拉伯民主改革衰退的动因"（Momentum for democratic reform wanes in Saudi Arabia），《国际先驱论坛》（International Herald Tribune），2007 年 9 月 14 日摘自 http：//www. iht. com/articles/2007/04/25/europe/saudi. php。

政策符合他们的愿望。不过，如果对民主的渴望确定无疑，为什么通往民主的道路不能更加平稳和迅捷呢？盖洛普世界民意调查中关于受访者对民主和美国外交政策看法的数据，为我们提供了一个重要的视角，让我们了解到他们在各自的期望、目标以及实现目标的途径方面，都有哪些共同点和鲜明的区别。

虽然美国政府将推行民主作为既定目标，但是在约旦、埃及、伊朗、巴基斯坦、土耳其和摩洛哥，大部分人不认为美国真诚希望在他们国家推进民主。

布什政府最近在阿拉伯地区推进民主进程方面的口气发生了改变，特别是联想到美国国务卿赖斯在2007年1月对中东的访问，更加强化了上面的认识。两年前，赖斯取消了对埃及的既定访问，以此表示对埃及政府拘捕最重要的自由、民主政治家阿伊曼·努尔（Ayman Nour）的抗议。赖斯传达的信息是，布什政府在推进阿拉伯地区民主改革方面是严肃认真的。在2006年早些时候访问埃及时，她大部分时间是在讨论埃及推进民主和改革的必要性。不过，一年后当赖斯再次访问埃及，据报道她没有公开提及埃及在民主和改革方面的倒退。尽管努尔作为2005年埃及总统大选中和总统实力最接近的挑战者再次被捕入狱，国家在言论自由和批评自由方面取得的进展化为乌有，但是就在这样的时刻，赖斯将埃及的政府描述为"我们非常看重的重要战略伙伴"。①

阿拉伯新闻界对美国的中东政策非常清醒。黎巴嫩的新闻记者米歇尔·杨（Michael Young）说：

> 美国的议程有了彻底的改变。伊拉克议程已经被一个完全不同的议程取代，即遏制伊朗、遏制伊朗的同盟……关于民主的讨论今天已经终结，我为此深感惶恐。②

以色列和真主党2006年在黎巴嫩发生冲突，美国在哈马斯选举获胜后决定断绝对巴勒斯坦政府的经济援助，这两件事之后，阿拉伯新闻界越来越明确地指出美国在推进民主方面的"双重标准"。英文版《叙利亚时报》在社论中说道："布什和他的新保守主义助手们仍然决意用虚假的口号和伪装的善意同全世界作战。实际上，他们离自由、独立和民主的原则越来越远。"③

在叙利亚一份名为《十月》（*Tishrin*）的报纸上，伊

---

① 沙迪德（Shadid, A.），2007年1月22日，"阿拉伯支持者对战争结果感到不快"（War's Arab Supporters Bitter Over Its Results），《华盛顿邮报》，2007年9月14日摘自 http://www.washingtonpost.com/wp-dyn/content/article/2007/01/21/AR2007012101282.html。

② 沙迪德，2007年1月22日，"阿拉伯支持者对战争结果感到不快"。

③ Syrian Press Highlights，2007年1月29日，"BBC全球跟踪"（BBC Worldwide Monitoring），2007年9月14日摘自《律商联讯》（*LexisNexis*）。

扎尔丁·达乌西（Izz-al-Din al-Darwish）说道：

> 在黎巴嫩，美国政府希望通过改变黎巴嫩社会结构、复活宗派主义和教派纷争来消灭抵抗力量。它希望鼓动政治投机和边境流血冲突，对阿拉伯人和国际社会施加压力，使自己成为黎巴嫩的统治者。

达乌西的评论文章也谴责美国插手巴勒斯坦政治以确保法塔赫取胜，虽然选民支持的是哈马斯：

> 在巴勒斯坦领土内，美国政府想要阻止领导人和草根民众的互动，压缩抵抗力量的生存空间，努力在民选政府和人民之间打进一个楔子，以此呼应以色列的占领计划。结果就是挑起兄弟之间的战争。①

> 大多数人认为西方最值得羡慕的是其政治自由以及言论自由。

---

① Syrian Press Highlights, 2007 年 1 月 29 日，"BBC 全球跟踪"（BBC Worldwide Monitoring），2007 年 9 月 14 日摘自《律商联讯》（*LexisNexis*）。

然而，尽管穆斯林世界很多人不相信美国在他们国家推进民主的诚意，但大多数人还是认为西方最值得羡慕的就是政治自由以及言论自由。相当多的人还将"公正的司法体系"和"公民享有诸多自由权"和西方社会联系在一起。同时，许多受访者认为阿拉伯和穆斯林世界最令人失望的，是分裂、经济和政治腐败以及极端主义。

## 民主与伊斯兰教

穆斯林世界和西方的很多人对建构民主政府的方式有完全不同的看法。关键的问题仍然是：民主制如何在传统的国家中发育？政治和宗教交织在一起的国家与民主能相容吗？什叶派在伊朗的选举胜利，以及哈马斯在巴勒斯坦选举中的胜利，似乎与西方民主制度的政教分离原则背道而驰。民主制和沙里亚能共存吗？

虽然许多穆斯林和西方政府谈到民主，但是自决——正如民意调查中大多数人的理解——并不要求宗教和政治的分离。民意调查的数据显示，被调查国中的绝大多数受访者认为，伊斯兰教和民主制对他们的生活质量以及穆斯林世界未来的进步具有同等重要性。从埃及、摩洛哥、土耳其、约旦、巴基斯坦到马来西亚和印度尼西亚，政治和伊斯兰教是交织在一起的，以伊斯兰教为导向的候选人和政党已经在国家和地区选举中获胜。

在对伊斯兰教和民主制表示强烈支持的同时，民意调

**2009 年 6 月 17 日,伊朗德黑兰,落选改革派总统候选人穆萨维的支持者
在德黑兰广场举行示威活动,抗议选举结果。**

资料来源: http://bbs.2muslim.com/viewthread.php?tid=102324&extra=page%3D
5&page=6

查的受访者也表示了对沙里亚的广泛认可。在西方,沙里
亚普遍被认为是严酷、原始的律法,但是对很多穆斯林来
说,它意味着完全不同的东西。沙里亚字面的意思是"通
向水源的道路",但用在宗教的背景下,其含义为"通向
真主的道路",象征对精神和社会提供指导的道路。沙里
亚是穆斯林个人和公共生活的道德指南。因此,当穆斯林
说希望沙里亚成为立法渊源之一时,他们的主张究竟是什
么?对于这一问题,有多少个穆斯林社会,就有多少种
答案。

历史上,沙里亚的诸原则可以用来限制苏丹的权力。

《半岛》杂志①的一位穆斯林作者谢赫·萨吉达（Sheikha Sajida）在 2006 年 10 月写道：

> 在穆斯林人口占大多数的阿拉伯和穆斯林国家实施沙里亚法是符合逻辑的，这是穆斯林摆脱一些阿拉伯统治者专政和压迫的唯一途径。那些统治者惯于将自己的利益凌驾于国家之上。②

在回答该杂志"大家说"栏目的问题时，萨吉达接着说道：

> 伊斯兰教倡导公正，因此我认为伊斯兰教法和人权之间不存在矛盾。相反，在穆斯林国家中实施伊斯兰教法能够保护人权，抗衡一些阿拉伯统治者的压迫，这些人只关心在失去宝座前如何最大化地利用他们的权力。

例如，当尼日利亚卡诺州于 2000 年首先宣布实施沙里亚法时，尼日利亚人纷纷欢聚在首都的主要礼拜场所庆祝这一决议。哈桑·达姆巴巴（Hassan Dambaba）———一位

---

① 《半岛》杂志（aljazeera），和阿拉伯卫星电视频道半岛电视台没有关系。后者在沙特阿拉伯有阿拉伯语网站（www.aljazeera.net）和英语（english.aljazeera.net）网站以及报纸《半岛》。

② 《半岛》杂志，"大家谈"，2007 年 9 月 14 日摘自 http://www.aljazeera.com/cgi-bin/news-service/article-full-story.asp? service-id = 12799。

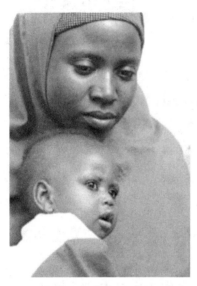

**阿米娜·拉瓦尔**

资料来源：http：//imaginingourselves.
imow. org/pb/Story. aspx？id＝37& lang＝1

出席庆典的教师说："我们的梦想实现了，现在我们可以按应该做的那样来实践我们的宗教"。①

2002年，全世界的目光转向尼日利亚：一个30岁的尼日利亚妇女阿米娜·拉瓦尔（Amina Lawal）被宣判乱石处死。因为这名妇女婚外怀孕，伊斯兰法庭认定她犯有通奸罪，处以石刑。而因为找不到四个证人，据称与她发生性关系的男子被判无罪。② 尽管在西方这样的案例成为沙里亚的象征，但是很多穆斯林坚信这些案例反映出沙里亚真精神的缺失。

《加纳新闻》的一篇社论写道：

一些所谓的穆斯林学者曾经试图证明石刑是

---

① "论坛通讯社"（Tribune News Services），2000年6月20日，"尼日利亚第四个州宣布实施伊斯兰教法"（A 4th state in Nigeria proclaims Islamic law），《芝加哥论坛》（*Chicago Tribune*），第10页。

② 根据伊斯兰刑法，在判定该类案件时，需要有四个成年、道德良好的穆斯林男性作为目击证人，指控才可成立。——译者注

正当的，理由是它的实施对象是已婚的通奸者和私通犯。无论何种情况，在阿米娜·拉瓦尔的案例中，那个让阿米娜怀孕的男性为什么可以不受到卡特西纳（Katsina）沙里亚法庭的惩罚？为什么会产生这样一个印象：伊斯兰教中对妇女没有正义？很明显，左右这一切的是前伊斯兰教的习惯、男性沙文主义以及纯粹的无知和盲信。[①]

　　一个沙里亚上诉法院在 2003 年推翻了对阿米娜的判决，该法庭五个法官中的四个认为最初的判决违背了伊斯兰法的一些原则，因为：没有满足三个当地法官倾听案件的要求——在定罪时只有一个法官在场；而且没有为被告提供适当的辩护权；[②] 按照伊斯兰法，间接证据在她怀孕一案中不能成为充分证据。[③]

　　穆斯林学者们指责尼日利亚伊斯兰法庭在拉瓦尔一案中错误地实施伊斯兰教法，这反映了伊斯兰教法律传统中解释的多元性。

---

　　① 吉亚希（Gyasi, I. K.），2006 年 4 月 10 日，"伊斯兰教今日之耻"（The shame of Islam today），《加纳新闻》（*Ghanaian Chronicle*），2007 年 9 月 14 日摘自《律商联讯》。

　　② 皮特曼（Pitman, T.），2003 年 9 月 26 日，"石刑被驳回"（Stoning death sentence overruled），《多伦多星报》（*The Toronto Star*），第 A14 页。

　　③ 李普曼（Lippman，M.）、麦克康维尔（McConville, S.）和耶鲁沙尔米（Yerushalmi, M.），1988 年，《伊斯兰刑法和程序：导读》（*Islamic criminal law and procedure：an introduction*），纽约：Praeger 出版社。

> 　　十个尼日利亚穆斯林中超过七人强烈支持沙里亚作为立法渊源之一，他们说希望沙里亚至少应是立法的一个资源，而五分之一的尼日利亚穆斯林希望沙里亚是立法的唯一根据。

　　看来尼日利亚的穆斯林在改进自己的法律制度时将继续探索沙里亚法内在的灵活性。盖洛普公司的数据显示，十个尼日利亚穆斯林中超过七人强烈支持沙里亚作为立法渊源之一，他们说希望沙里亚至少应是立法的一个资源，而五分之一的尼日利亚穆斯林希望沙里亚是立法的唯一根据。同时，大约五分之一的人根本不希望沙里亚成为立法的根据。

　　如果西方和许多穆斯林都将民主视作一种稳定的力量和未来进步的关键，希望民主降临穆斯林世界，那么就必须重视一些关键性问题：

- 为什么穆斯林世界广泛缺乏民主？是伊斯兰教的问题吗？
- 13 亿穆斯林如何看待民主？
- 大多数穆斯林支持沙里亚法，会让西方恐慌吗？
- 当穆斯林男性和女性表达对沙里亚法的期待时，他们的意思是什么？
- 穆斯林的民主思想是什么？

- 如果民主是很多穆斯林以及美国外交政策渴望的
目标，穆斯林是否会相信西方可以发挥作用？

## 为什么在穆斯林世界广泛缺乏民主？

> 武断划定的边界，不代表民意的统治者，由
> 此产生的是脆弱的民族国家和不民主的政府，这
> 使独裁主义的文化得以延续。

这个问题的答案要从穆斯林的历史和政治而不是宗教
方面去寻找。我们西方人从君主制过渡到现代民主政体，
从神权王国过渡到现代世俗民族国家用了几百年的时间，
在这个过程中我们承受了革命和内战。相反，产生于二战
后的穆斯林世界的政府，只有几十年的历史。

同样重要的是欧洲殖民者对穆斯林地区长达几个世纪
的统治。在 20 世纪中期，当这一地区许多国家成为民族国
家时，是殖民列强给它们划定边界，指派非民选的统治
者。在南亚，在当地人民赢得独立的前夕，英国人将印度
次大陆分为印度和巴基斯坦（西巴以及东巴）两个国家；
穆斯林为主体的克什米尔划归印度。印巴分治后，世界见
证了印度教徒和穆斯林之间的流血冲突，上百万人的移
民，以及接下来东巴和西巴之间的内战导致的孟加拉国建
国；而反抗印度统治的克什米尔地区冲突延续至今。

在中东，法国人为现代黎巴嫩国家设定了边界，英国人设定了科威特和伊拉克的边界，并且划分了巴勒斯坦和外约旦（后来的约旦）。来自阿拉伯哈希姆家族的两个兄弟，阿卜杜拉和费萨尔成为约旦和叙利亚的国王。稍后，费萨尔成为伊拉克国王。1950年，约旦正式兼并了西岸，使其人口扩张了三倍，出现了少数派的约旦人政府统治占人口多数的巴勒斯坦人的现象，巴勒斯坦人口和约旦人口之比为 2∶1.27。①在20世纪50年代和60年代，埃及、叙利亚、利比亚和伊拉克的君主被推翻，军人统治或者军阀统治取而代之。因此，中东至少在过去的一个世纪里表现为缺乏政治稳定。许多穆斯林国家一直由国王、军队或者前军队的独裁者统治。

武断划定的边界，不代表民意的统治者，由此产生的是脆弱的民族国家和不民主的政府，这使独裁主义的文化得以延续。支撑民主制度的至关重要的非政府组织（政党、工会、教育和社会服务、专业人士组织、人权组织以及媒体）要么处于政府的控制下，要么根本不存在。许多国家还经受了经济的失败和政治腐败。无数的批评认为，欧洲和美国对这些视而不见却在穆斯林世界支持专制，是为了在冷战时期拉拢这些统治者作为同盟，在中东还为了确保获得石油。

----

① 米沙尔（Mishal, J.），1978年，《西岸/东岸：约旦的巴勒斯坦人1949—1967》（*West Bank/East Bank: the Palestinians in Jordan*, 1949—1967），耶鲁大学出版社（New Haven and London: Yale University Press）。

伊朗就是一个说明欧洲帝国主义影响的复杂后果的例子。尽管伊朗从来没有正式沦为殖民地，但是俄国人和英国人在这个国家竞相扩张自己的影响力。英国人和苏联人让年轻的穆哈默德·礼萨·巴列维（Mohammad Reza Pahlavi）取代其父亲成为国王。在 1951 年，伊朗议会和民主选举产生的、广受欢迎的首相穆哈默德·摩萨台（Mohammad Mossadegh）将伊朗的石油工业国有化。英国和美国的情报机构成功地在 1953 年策划政变，推翻了摩萨台，国家落入国王的独裁统治之下。对政变的抗议以及由此带来的反美主义情绪，在 1979 年伊朗伊斯兰革命以及占领美国大使馆事件中可见一斑①。

和绝大多数穆斯林政府一样，伊朗求助于西方的专家和发展模式。因此，西方的专家和现代化的穆斯林精英采用了主导的西方模型寻求发展："每一天，各个方面，一切都理当变得越来越西化/世俗化。"这种模式的结果是采取了西方的世俗、政治、经济和教育制度以及生活方式。变得现代不仅仅是科学技术的转变，它是西化——穿着现代（即西方）的服装，说着现代（西方）语言，去世俗的中学或大学学习现代（主要是西方）的课程；建设现代城市和街区，这些通常由西方建筑师设计。从丹尼尔·勒奈《传统社会的消失》的书名中就可以捕捉到现代化理论的

---

① 里森（Risen, J.），2000 年，"历史的秘密：CIA 在伊朗"（Secrets of history：the CIA in Iran），《纽约时报特别报道》（*New York Times Special Report*）2007 年 9 月 14 日，摘自 http://www.nytimes.com/library/world/mideast/041600iran-cia-index.html。

种种预设。许多人相信穆斯林必须在"麦加还是机械化"两者间选择。①

在美国大学 2006 年进行的一次调查中，一个来自肯尼亚的 21 岁穆斯林大学生说："我们社会中最大的变化是社群大范围的西化……美国化。对年轻人的影响最大，从他们的思想到他们的穿着和行为。"对于他这一代与父辈的不同之处，他描述道：

> 现在越来越难发现一个人可以像说英语那样娴熟地使用自己的母语。当人们追逐那些他们认为更好的东西时，社会价值观正在崩溃，道德沦丧、酗酒等罪恶正在上升。要在一个曾经产生了伟大学者的社群里找到很了解自己宗教的人变得越来越难……人们正在慢慢地、然而确实地远离他们真实的自我。②

1979 年的伊朗革命让那些所谓专家大跌眼镜，也震惊了整个西方世界。谁能解释大权在握、穿西服操英语的国王——伊朗现代化白色革命之父的倒台？伊朗有一个雄心

---

① 勒奈（Lerner, D.），1958 年，《传统社会的消失：中东的现代化》（*The passing of traditional society: modernizing the Middle East*），自由出版社（Glencoe, Illinois: Free Press）。

② 哈迪亚·穆巴拉克与肯尼亚大学生的访谈，2006 年 1 月 27 日，土耳其伊斯坦布尔，法塔赫大学（Fatah University）。

勃勃、基础雄厚的现代化阵营，现代教育培养的精英，强大的军队，与美国和欧洲的密切关系以及重要的石油生产力量。国王的反对者没有什么有效的武器装备，由一个被流放巴黎郊区的、年长的大胡子阿亚图拉领导，通过宗教鼓动和清真寺网络来组织和动员。然而，这些人在一场相对而言"不流血"的伊斯兰革命中取得了胜利。

从利比亚和苏丹到巴基斯坦和马来西亚，政治中伊斯兰教的影响几乎是不被察觉地重新凸显。政府政策、军事以及经济的失败使人们从对西方的严重依赖中觉醒。人们谴责这一"西方污染"（westoxification）劫持了穆斯林的认同源泉和价值观，并因此破坏了穆斯林之间的团结和力量。伊斯兰运动及其领导人，其中很多人是接受过现代教育的，呼吁回到伊斯兰教的"正道"——西方资本主义和苏联马克思主义、社会主义之外的第三条道路。

玛尔克（Lies Marco）在雅加达与一些伊斯兰组织共同为亚洲基金会（Asia Foundation）工作。她在 2003 年的《基督教箴言报》发表文章指出，印尼人对伊斯兰教的回归是由于对政府的失望。"很多人看到政府的无能，希望净化政府，制止罪恶并且扶贫济困，因此一些人会转而将沙里亚作为答案。"①

---

① 墨菲（Murphy, D.），2003 年 9 月 16 日，"谁让印度尼西亚的学校变得激进？"（Who's radicalizing Indonesia's schools?）《基督教箴言报》，2007 年 9 月 14 日摘自 http：//www. csmonitor. com/2003/0916/p07s01-woap. htm。

比如，雅加达卡玛尔经学院（pesantren al Kamal）26岁的老师阿里·阿齐默德（Ali Achmad）告诉《基督教箴言报》，在1999年选举中他投票给坚定的世俗主义者梅加瓦蒂，因为相信她能结束政府臭名昭著的腐败现象，并帮助印度尼西亚崛起。但是阿齐默德说他后来对印尼的世俗政府极度失望："这个政府完全失败了；他们没有实施任何改革，也没有保护我们的权利。赌博和卖淫到处可见。我真是太失望了。"阿齐默德说他打算在2004年大选中投票给繁荣正义党（the Prosperous Justice Party），这个政党主张以严格的伊斯兰法取代国家的世俗政策。"伊斯兰法能扫除腐败，这似乎是我们问题的唯一解决之道，"他说。[①]

　　一个在土耳其的21岁的肯尼亚大学生说：

> "伊斯兰教经历并克服了重重阻碍，它一再证明我们的宗教即是伊斯兰[②]，这乃是真理。伊斯兰教是人类每一个巨大成就的基础，是人类面临的每一个未解问题的答案。但是，从某种观点看，我们失去了所有这些。好东西如同黄金；如果你从不把它投入火中煅炼它，它永远不会有金

---

　　① 墨菲（Murphy, D.），2003年9月16日，"谁让印度尼西亚的学校变得激进？"（Who's radicalizing Indonesia's schools?）《基督教箴言报》，2007年9月14日摘自 http://www.csmonitor.com/2003/0916/p07s01-woap.htm。

　　② "宗教即是伊斯兰"语出《古兰经》（5：3），"我已为你们成全你们的宗教，我已完成我所赐你们的恩典，我已选择伊斯兰做你们的宗教"。——译者注

*子的光泽。伊斯兰教也如此，它是要经历火的考*
*验才能显现其本质。"*①

　　很多人认为，对真主的启示和使命坚定不移的信念，催生了辉煌的帝国和文明，它们开始于公元 7 世纪的伊斯兰社团，横跨世界许多地区，一直延续到 18 世纪欧洲殖民主义兴起前。富有的石油国家如利比亚、沙特阿拉伯以及其他海湾国家利用伊斯兰教和石油财富扩张它们的全球影响力。对"激进的伊斯兰原教旨主义"的恐惧——像伊朗的输出革命；暗杀埃及总统安瓦尔·萨达特的埃及伊斯兰圣战者这样的极端主义组织；以及巴勒斯坦伊斯兰圣战组织的兴起——在 20 世纪 80 年代成为主导。但是观察家们忽视了"静悄悄的革命"：主流的、非暴力的伊斯兰政治和社会运动的存在，它们寻求通过选票而不是枪炮来获得权力，并推进改革。

　　在 20 世纪 80 年代后期，在政治抗议和经济失败的重重压力下，穆斯林国家采取了政府主导的有限改革。公民投票在一些国家是破天荒头一遭，而让每个人震惊的是伊斯兰主义的候选人和政党以主要反对派的身份出现。在不同的穆斯林国家，如埃及、摩洛哥、土耳其、巴基斯坦、科威特、巴林、沙特阿拉伯、伊朗、阿富汗、马来西亚和

---

① 哈迪亚·穆巴拉克与肯尼亚大学生的访谈，2006 年 1 月 27 日，土耳其伊斯坦布尔，法塔赫大学（Fatah University）。

印度尼西亚，伊斯兰主义者证明了自己是成功的政治博弈者，他们当选为总统、总理、市长、议会议员、内阁成员和国民大会的代表。

**斯里兰卡选举**

资料来源：中穆网图库

> 在过去几年里，阿拉伯世界的宗教政党决定性地击败了他们的世俗对手，伊斯兰主义的候选人在各种选举中胜出。

在过去几年里，阿拉伯世界的宗教政党决定性地击败了他们的世俗对手，伊斯兰主义的候选人在各种选举中胜出。在伊拉克 2005 年下半年的普选中，宗教性的什叶派联盟获得 275 个席位中的 128 个。① 巴勒斯坦地区十年内的首次选举中，哈马斯以绝对优势击败了世俗的执政党法塔赫。在埃及，被宣布不合法的穆斯林兄弟会出人意料地赢得了议会五分之一的席位。在土耳其，正义发展党（AKP）在 2002 年 11 月议会选举中取得压倒性胜利，它赢得议会多数席位，363 席，只差 4 个席位就可以要求修订 1980 年政变后上台的世俗军队领导人草拟的宪法。② 在这个世俗的共和国，这实属罕见。伊斯兰主义者在沙特阿拉伯 2005 年各项选举中表现突出，温和的伊斯兰主义者赢得麦加和麦地那两地市议会的全部席位。③

> 2006 年，《华盛顿邮报》暨 ABC 新闻进行的一项民意调查发现，将近一半的美国人（46%）对伊斯兰教的认识是负面的，比 2001 年"9·11"事件几个月后观察到的高 7 个百分点。

---

① 报道，2006 年 2 月 20 日，"什叶派政党赢得伊拉克大选"（Shiite parties win Iraq poll），《海湾新闻》（Gulf News），2007 年 9 月 14 日摘自 http：//archive. gulfnews. com/indepth/iraqelection/sub-story/10013187. html。

② 《经济学家》（The Economist），2002 年 12 月，"从对手那里获利，埃尔杜安胜了"（Erodgan triumphs-with plenty of help from his enemies），2007 年 9 月 14 日摘自 http：//www. economist. com/background/displaystory. cfm？story-id = 1433284。

③ 哈塔斯（Ghattas, K.），2005 年 4 月 23 日，"保守派赢得沙特选举"（Conservatives 'win' Saudi polls），BBC 新闻，2007 年 9 月 14 日摘自 http：//news. bbc. co. uk/2/moddle-east/44477315. stm。

不过，情况最近发生了改变。"9·11"之后，从埃及到乌兹别克斯坦，统治者都在利用基地组织和全球恐怖主义将所有的反对派贴上极端主义的标签，从而操控选举，并且使专制政府合法化。例如，虽然埃及总统穆巴拉克在2005年参加埃及总统竞选的第一次演讲中允诺撤销埃及的《紧急状态法》，但是随后他就以"国家安全"为名收回承诺。"埃及人必须牢记他们生活在一个动荡的地区"，穆巴拉克说道，"我们必须认识到，埃及总是被攻击的目标。"①《紧急状态法》自穆巴拉克1981年上台开始生效，根据该法律政府可以任意实行逮捕和拘留。

## 伊斯兰教是个问题吗?伊斯兰教在西方和穆斯林世界中迥然不同的形象

失败的政府，统治者和恐怖分子对伊斯兰教的劫持，还有暗杀、自杀式袭击、虐待妇女和少数派，所有这些都侵蚀着穆斯林社会，也使伊斯兰教在西方的形象大打折扣。

2006年，《华盛顿邮报》暨ABC新闻进行的一项民意调查发现，将近一半的美国人（46%）对伊斯兰教的认识

---

① 《经济学家》，2006年4月20日，"粉碎的诺言"（Broken promises），2007年9月14日摘自 http://www.economist.com/opinion/displaystory.cfm? story-id = 6831997。

是负面的，比 2001 年"9·11"事件几个月后观察到的高 7 个百分点。[①] 调查显示，相信伊斯兰教助长了针对非穆斯林的暴力行为的美国人比例在"9·11"袭击之后增加了一倍，从 2002 年 1 月的 14% 增加到 33%。同样的，皮尤研究中心（Pew Research Center）的调查发现大约三分之一的美国人（36%）认为，和其他宗教相比，伊斯兰教更鼓动其信仰者采取暴力。[②]

相反，穆斯林世界的大多数人以完全不同的眼光看待伊斯兰教——视其为一个温和、和平的宗教，是他们自我认知和实现自我的核心。如我们在随后的章节中看到的，绝大多数穆斯林仍然将宗教认同作为他们身份的首要标志，是指导和力量的源泉以及进步的关键。

除了哈萨克斯坦，盖洛普公司进行民意调查的以穆斯林为主体的国家中大部分人（埃及高达 98%，印度尼西亚 96%，土耳其为 86%）认为，宗教是他们日常生活很重要的一部分。相对的，在美国有 68% 的受访

---

[①]　迪恩（Deane, C.），弗瑞尔斯（Frears, D.），2006 年 3 月 9 日，"对伊斯兰教复兴的消极看法"（Negative perception of Islam rising），《华盛顿邮报》，2007 年 9 月 14 日摘自 http://www.washingtonpost.com/wp-dyn/content/article/2006/03/08/AR2006030802221-pf.html。

[②]　皮尤大众和媒体研究中心以及皮尤宗教和公共生活论坛。该调查以电话访谈的形式进行，由普林斯顿国际调研协会直接指导运作，在 2005 年 7 月 7—17 日之间，从全国范围抽取了 2000 名年龄在 18 岁或 18 岁以上的成年人样本。如果从总样本得出结论，可以有 95% 的把握认为样本的误差在 ±2.5 个百分点之内。对于那些只是基于格式 1（N = 1000）或格式 2（N = 1000）得到的结果，样本的误差在 ±3.5 个百分点。

者，在英国只有 28% 的受访者认为宗教是日常生活的重要组成部分。

　　然而，在回答建立更公正社会和取得进步的关键是什么时，穆斯林世界最经常的答案是民主。最后，当问到生活的哪些方面最重要时，相当数量的受访者指出拥有丰富的宗教和精神生活以及一个民主选举的政府至少同样重要。

**当代穆斯林世界最有影响力的埃及教法学家优素福·格尔达威博士**
资料来源：中穆网图库

# 十三亿穆斯林如何看待民主制

> 不过，虽然对西方民主制的很多方面持肯定和赞赏的态度，被调查者并不赞成全盘照搬西方的民主模式。

跨越穆斯林的国家、社会阶级的多样性以及性别差异，对我们问题的回答揭示了复杂而令人吃惊的现实。在几乎所有的被调查国家中，绝大多数人（布基纳法索95％，埃及94％，伊朗93％，印度尼西亚90％）认为如果要为一个新国家起草宪法，他们会将言论自由定义为"全体公民有就当下的政治、社会和经济议题发表意见的权利"。

不过，虽然对西方民主制的很多方面持肯定和赞赏的态度，被调查者并不赞成全盘照搬西方的民主模式。很多人表示他们希望有自己的、与沙里亚一致的民主模式，而不是简单地遵循西方的价值观。事实上，极少受访者将"采用西方价值观"和穆斯林的政治、经济进步联系起来。以沙里亚名义出现的弊端并没有导致对它普遍的抗拒。

根据我们的调查数据，穆斯林人口占多数的国家中受访者对新政府模式的强调——既是民主的，同时又体现宗教价值观——可以帮助我们理解，为什么除了屈指可数的个别国家，大多数穆斯林国家的绝大多数人希望沙里亚至少是"立法的一个渊源"。①

- 只在少数国家中，大多数人认为沙里亚不应该干预社会；同样，在绝大多数国家，只有极少数人希望沙里亚作为法律的"唯一渊源"。而在约旦、埃及、巴基斯坦、阿富汗和孟加拉国，大多数人希望沙里亚成为立法的"唯一渊源"。

- 最令人惊讶的是，就支持沙里亚作为立法的唯一渊源这一点而言，很多国家的男性和女性之间没有系统性差别。例如，在约旦，54%的男性和55%的女性希望沙里亚作为立法的唯一渊源。在埃及，这个百分比分别为男性70%，女性62%；在伊朗，是12%的男性和14%的女性；在印度尼西亚为14%的男性和14%的女性。

具有讽刺意味的是，我们不需要到自己国家之外，就可以发现相当数量的人希望宗教作为法律渊源。在美国，盖洛普公司2006年的一个民意调查显示，大多数美国人希望《圣经》成为立法的一个渊源。②

---

① 布基纳法索、尼日利亚、塞拉利昂、塔吉克斯坦、乍得、哈萨克斯坦、坦桑尼亚和土耳其例外。

② 盖洛普民意调查，基于2006年2月17—22日间对808名年龄在18岁和18岁以上的国民进行的电话访谈。访谈对象是从盖洛普的家庭库中随机抽选的，这个家庭库最初也是通过随机抽选的方式建立的。因为统计结果建立在这个样本之上，因此可以以95%的把握保证样本失误率在±4个百分点。

> 在美国，盖洛普公司 2006 年的一个民意调查显示，大多数美国人希望《圣经》成为立法的一个渊源。

- 46% 的美国人谈到《圣经》应该成为立法渊源"之一"，9% 的美国人坚信《圣经》应该是立法的"唯一"渊源。

- 或许更令人感到吃惊的是，虽然 55% 的人希望宗教领袖不应该介入宪法起草，但是 42% 的美国人希望宗教领袖在起草宪法发挥直接作用。这些数据几乎和伊朗一样。

**2009 年 7 月 8 日，印尼雅加达，一名男子手持选票并选定总统候选人、现任总统加西洛。统计机构的"快速计票结果"显示，苏西洛有望在总统大选中获胜**
资料来源：http://bbs.2muslim.com/viewthread.php?tid=102324&extra=page%3D5&page=8

# 大多数人支持沙里亚,西方应该为此恐慌吗?

> 在很多国家相当的多数派认为,宗教领袖不应该直接参与宪法起草或者决定女性在公共场合如何穿着。

沙里亚曾经被等同于对通奸犯处以石刑,对小偷剁手,监禁或处死亵渎宗教者和叛教者,以及限制妇女和少数派的权利。当什叶派领袖们,如伊拉克德高望重的大阿亚图拉阿里·西斯塔尼(Ali al-Sistani)呼吁伊斯兰民主,其呼吁包括了要求沙里亚成为伊拉克新宪法的一个法律基础,这时对沙里亚理解的种种不同观点就浮出水面。

作为伊拉克宪法起草委员会的一名成员,基督教徒尤那达慕·卡纳(Yonadam Kanna)在 2005 年夏天谈到,把沙里亚作为立法重要资源的后果将会是可怕的。"对妇女,这将会是一场灾难。"① 不管怎样,2005 年 8 月,在南部的巴士拉城,超过 1000 名的伊拉克妇女举行集会支持沙里亚,以回应一周前巴格达举行的一个反对沙里亚的集会。

时任行政长官的 L·保罗·布雷默(L. Paul Bremer)

---

① 卡罗尔(Carroll, R.),2005 年 8 月 15 日,"在新伊拉克妇女为权利而战"(Women battle for rights in new Iraq),《卫报》(*The Guardian*)。2007 年 9 月 14 日摘自 http://www.guardian.co.uk/gender/0,1549354,00.html。

对沙里亚在伊拉克新宪法中的作用持反对意见，他在 2004 年说："我们的立场很清楚。我不签署，它就不会生效。"①时任国防部长的拉姆斯菲尔德（Donald Rumsfeld）在 2003 年发出警告，美国不会允许伊拉克变成像伊朗一样的神权国家，实际上，他是把伊拉克新宪法包含沙里亚的思想和建立神权或教职人员的统治混为一谈。②

虽然在很多地区，沙里亚成为宗教统治的代名词，但是盖洛普民意调查得到的回答显示，不能把对沙里亚的期许自动诠释为对神权制的向往。在很多国家中，相当的多数派认为宗教领袖不应该直接参与宪法起草、制定国家法律、决定外交政策或国际关系，不应该决定女性在公共场合的装束或者电视和报纸的内容。另外一些倾向宗教领袖直接参政的人也只是希望宗教领袖们在政府部门中发挥顾问和咨询的作用。

> 盖洛普民意调查的结果显示，绝大多数受访者希望女性有自主权和平等的权利。

---

① 克来恩（Krane, J.），2004 年 1 月 16 日，"美国行政长官威胁否决伊拉克伊斯兰法法案"（U. S. administrator threatens veto of Iraqi Islamic law measure），美联社，2007 年 9 月 14 日摘自《律商联讯》。

② BBC 新闻，2003 年 4 月 25 日，"拉姆斯菲尔德拒绝教职人员领导的统治"（Rumsfeld rejects 'cleric-led' rule），2007 年 9 月 14 日摘自 http://news. bbc. co. uk/1/hi/world/middle-east/2975333. stm。

在西方，沙里亚往往唤起一种社会受禁锢的想象，在那里妇女受到压迫，基本的人权没有保障。确实，在巴基斯坦、苏丹、塔利班阿富汗、沙特阿拉伯和伊朗这样的穆斯林国家，政府强制的沙里亚规定让妇女们遭受了痛苦。不过，那些对沙里亚期望很高的人常常指责这些规定是非伊斯兰教的解释。盖洛普民意调查的结果显示，绝大多数受访者希望女性有自主权和平等的权利。几乎所有被调查国家的大多数受访者相信妇女应该有：

- 和男性一样的法律权利（伊朗有85%的受访者持此观点，印度尼西亚、孟加拉国、土耳其和黎巴嫩90%，巴基斯坦77%，沙特阿拉伯61%）。出人意料的是，普遍被认为更自由的埃及（57%）和约旦（57%）落在伊朗、印度尼西亚和其他国家后面。

- 选举权：受访者中表示女性应该有不受家庭成员影响和干预的投票权的，在印度尼西亚占80%，伊朗89%，巴基斯坦67%，孟加拉国90%，土耳其93%，沙特阿拉伯56%，约旦76%。

- 在家庭之外从事任何称职工作的权利。同意这一点的，在马来西亚、毛里塔尼亚和黎巴嫩的人口比例最高（90%），埃及（85%）、土耳其（86%）、摩洛哥（82%）都在百分之八十以上。紧跟其后的是伊朗（79%）、孟加拉国（75%）、沙特阿拉伯

（69%）、巴基斯坦（62%）和约旦（61%）。

- 在内阁和国民大会一级担任领导职务的权利。虽然被调查国的大多数支持这一主张，但是沙特阿拉伯（40%）和埃及（50%）例外。

> 虽然沙里亚通常被描述为一种严酷和压迫性的法律制度，穆斯林妇女对此的看法却微妙的多，她们认为沙里亚与她们对赋权的期望是一致的。

**马来西亚选举冲突**

资料来源：中穆网图库

虽然沙里亚通常被描述为一种严酷和压迫性的法律制度，穆斯林妇女对此的看法却微妙得多，她们认为沙里亚与她们对赋权的期望是一致的。例如，耶纳拉·乌贝蒂（Jenan al-Ubaedy），2005 年初伊拉克国民大会 90 名女性代表之一，向《基督教箴言报》表示她支持实施沙里亚。不过她又说，作为一名国民大会代表，她将会致力于争取女性同工同酬、带薪产假以及缩减怀孕妇女工作时间的权利。她还谈到她要鼓励女性戴头巾（hijab）以及加强家庭观念等。对乌贝蒂来说女性赋权运动和伊斯兰教价值观是一致的。①

**科威特议会选举投票**
资料来源：中穆网图库

---

① 卡罗尔（Carroll, R.），2005 年 1 月 25 日，"伊拉克女性看待伊斯兰法"（I-raqi women eye Islamic law），《基督教箴言报》，2007 年 9 月 14 日摘自 http://www.csmonitor.com/2005/0225/p07s02-woiq.html。

# 当穆斯林男性和女性表达实施沙里亚的
# 愿望时,他们的意思是什么?

对沙里亚是什么及其意义的普遍误解，导致了宗教好战者的顽固，以及许多非穆斯林的恐惧。历史上，很多穆斯林和非穆斯林都把沙里亚和伊斯兰法混淆并交替使用。因为《古兰经》不是一本法律书，早期的教法学家运用启示和理性创建了一套法律体系来管理他们的社会。但是，随着时间的流逝，这些人为的法律开始被看成是神圣而不可改变的。

因此，那些希望沙里亚成为制定宪法的法律依据之一的穆斯林，对如何具体体现这一点各有各的看法。虽然沙里亚的规范起源于《古兰经》中的原则和先知圣训，但是一些人期望充分实施传统的或中世纪的伊斯兰法；另一些人希望采用一种更严格的方式，如禁酒、要求政府首脑必须是穆斯林，或建立沙里亚法庭来处理穆斯林家庭法方面的案件（婚姻、离婚和财产继承）。不过还有一些人只是希望确保宪法不会与《古兰经》中体现的伊斯兰教的原则和价值观冲突。

要澄清沙里亚和"伊斯兰法"之间的区别，可以设想沙里亚是指南针（真主的启示、超越时间不可动摇的原则），而伊斯兰教法（fiqh）好比一张地图。地图要服从指南针指示的方向，但是地图反映不同的时代、地区和地理。指南针是固定的；而地图是多种多样的。

今天穆斯林改革家强调应该在变化的社会环境中重新审视伊斯兰法。比如，"伊斯兰姐妹"（Sisters in Islam），一个以马来西亚为基地的保护妇女权利的非政府组织，游说马拉西亚政府对多妻制婚姻采取严厉措施。这个组织援引《古兰经》经文和先知圣训，呼吁妇女有权利在婚姻文件中列出多妻制的条件。如果一个丈夫决意要第二个妻子，那么法律就应该要求他必须和第一个妻子离婚并支付她当初的嫁妆以及赡养费。

当一些伊斯兰教法律学者（即穆夫提，mufti①）指责这个非政府组织违背了"伊斯兰法"。该组织以《古兰经》经文和先知圣训进行了回击：确立一夫一妻制乃是典范。她们还援引先知穆罕默德的曾孙女萨克纳·宾特·侯赛因（Sakina binte Hussain）的先例，她曾在自己的婚姻文书中确定了各种条件，包括其丈夫如果想维持与她的婚姻就不得再娶。在一份新闻稿中，这个组织写道：

> 因此非常清楚，给与一个妻子通过婚姻契约或者中止（ta'liq）获得离婚的权利并不违背伊斯兰的教义。这不是今天才出现的一种新解释。相反，它得到从伊斯兰教早期就存在的传统实践的

---

① 穆夫提，阿拉伯语音译，意为"教法解说人"，伊斯兰教教职称谓，即教法说明官，职责为咨询与告诫，对各类新问题、新案件的诉讼提出正式的法律意见，作为判决的依据。——译者注

支持。①

这个例子，使我们得以窥见在伊斯兰教法界定的诠释方面存在丰富的多样性。因此，当穆斯林说他们支持采用沙里亚，这个人和那个人的意思可能有天壤之别。

宗教和变迁的问题不是伊斯兰教独有的问题；所有宗教的信仰者都要面对这个问题。神

**2008 年奥运会阿富汗女运动选手**

资料来源：http：//www. gscn. com. cn/Get/picture/088201141364851_ 69_ 2. htm

圣的经典或者教法的传统形式不包含许多现代问题的具体解决方案。伊斯兰教能否接受无性繁殖或者体外授精？女性是否可以成为现代民族国家的总统？银行和金融机构如何处理利息和借贷？在穆斯林是少数派的国家，什么样的权利分配是他们可以接受的？先发制人的军事行动合法吗？

---

① "伊斯兰教中的姐妹"（Sisters in Islam），2003 年 3 月 16 日，"为一夫一妻制而战"（Campaign for monogamy），伊斯兰妇女权利联盟（Coalition on women's rights in Islam），2007 年 9 月 14 日摘自 http：//www. sistersinislam. org. my/presstatement/16032003. html。

> 然而，一个法特瓦，并不是一个约束性的非此不可的教法意见，穆斯林可以选择在他们的生活中采用或者不采用某一个法特瓦。就这一点看，穆斯林身处一个宗教思想的"自由市场"。

因为《古兰经》中对一些问题没有明确的文本，伊斯兰教中也不存在核心的宗教权威，因此穆夫提给出的专家法律意见"法特瓦"（fatwa）取决于他们本人是保守的，还是有革新思想的，是热衷政治的，还是拒绝政治化的。这样的结果是，教法的答案取决于你信从的穆夫提是谁，就好比你从拉比或是某个要员那里得到建议取决于他或她是怎样的人一样。不过，法特瓦并不是一个约束性的非此不可的教法意见，穆斯林可以选择在他们的生活中采用或者不采用某一个法特瓦。就这一点看，穆斯林身处一个宗教思想的"自由市场"——这种弹性可以解释伊斯兰教在不同时代和地区表现出的适应性和多样性。

## 穆斯林的民主思想是什么？

就民主和伊斯兰教的关系，穆斯林中有不同的思想学派。少数人认为，"民主"在伊斯兰的文献中是一个外来的概念。持这一看法的穆斯林——包括主流穆斯林和极端主义者——希望重建伊斯兰帝国，因为他们认为人民主权是偶像崇拜，它否认了真主的至高权力。

不过，从盖洛普民意调查受访者那里得到的结果显示，对民主自由和妇女权利的支持在穆斯林世界非常普遍。伊斯兰教传统中有相当多的原则支持这些自由。

苏丹知识分子、前外交官阿卜杜瓦哈布·阿凡提（Abdelwahab El-Affendi）指出，伊斯兰教对一神信仰及真主绝对权力的强调要求有一个民主制度："一人独揽大权与一切权力属于真主是相矛盾的，因为所有的人在真主面前一律平等……盲目服从某一个人的统治与伊斯兰教相悖。"① 伊斯兰教的一神信仰包括这些信条：生命是不可分割的；宗教不可从生活的任何一个方面分离，比如禁止宗教进入公共生活领域。②

伊朗前总统哈塔米（Mohammad Khatami），一个伊斯兰民主制的拥护者，在 2001 年的一个电视讲话中说道："今天，世界民主遭遇巨大的真空之苦，那是精神的真空"，而伊斯兰教能提供一个民主和精神性相结合的框架，以及宗教性的政府。

---

① 埃斯波西托，2001 年 11 月/12 月，"伊斯兰教和民主"（Islam and democracy），《人权》（*Humanities*），2007 年 9 月 14 日摘自 http：//www. neh. gov/newa/humanities/2001-11/islam. html。

② 埃斯波西托，2003 年 4 月/5 月，"实践和理论"（Practice and theory），《波士顿评论》（*Boston Review*），2007 年 9 月 14 日摘自 http：//bostonreview. net/BR28. 2/esposito. html。

> 但是大多数人不同意这一说法，即美国是真
> 心在这一地区推动建立民主制政府。

　　和犹太人、基督徒一样，穆斯林也对传统进行重新诠释来支持具有巨大差异的各种现代民主形式。西方的民主形式包括了总统制、议会制和比例代表制；包括直接和间接选举领导人；政府的咨询和顾问形式。同样，虽然美国坚持政教分离，但是如英国、德国和挪威这样的欧洲民主制国家有国教、并且/或者提供政府基金支持官方认可的宗教机构。尽管法国基于1905年《分离法》（*Law of Separation*）实行严格的政教分离，不过政府以文化保护的名义给1905年前建的教堂、庙宇和犹太会堂提供资金。虽然这些建筑被认为是国家财产，由国家和各级政府维护，但是神职人员却可以自由地使用它们。从1959年开始，法国政府甚至直接为所有的私立学校提供补助——其中很多是天主教学校，并经常为这些学校的教师支付薪水。①

　　适应各种新情况的过程中最根本的是伊斯兰教关于诠释的概念"创制"（ijtihad）——拥有充分信息的、独立的教法判断。就像大不列颠杰出的伊斯兰领袖，巴基斯坦国会议员库尔希德·阿赫默德（Khurshid Ahmad）所言："真主只

---

① Decherf, D., 2001年7月，"法国人看宗教自由"（French views of religious freedom），《美国—法国分析》（*U. S. -France Analysis*），2007年9月14日摘自 http: //www. brookings. edu/fp/cuse/analysis/relfreedom. html。

启示了宽泛的原则……正是通过创制，每个时代的人们努力运用和实施神启的原则，来解决他们时代的问题。"①

伊斯兰教还有另外一些概念，能够为穆斯林版本的民主提供合法的论证，包括：在推选或选举统治者时政府和人民之间的"协商"（shura）原则。这个原则和伊斯兰教法渊源之一的社团"公议"（ijma）原则一起，作为反映社团集体决断的一种方式，被用来支持现代议会和国民大会制度。

虽然对民主制存在激烈的争论，但变化已经确定不移地开始了。尽管是缓慢的，有时还有反复，可是面对要求更多政治参与、公开、自由、透明地进行各级选举的压力，许多政府正在做出回应。

## 如果民主是许多穆斯林及美国外交政策期望的目标,穆斯林是否相信西方可以发挥作用?

要回答这个问题，我们需要正视一些严峻的现实。在赢得穆斯林的头脑和心灵的计划中还有诸多挑战；对盖洛普民意调查中各种问题的回答反映出对美国外交政策和行动的批评及怀疑。除了 10 个国家②，调查国中的许多穆斯林普遍渴望民

---

① 阿赫默德（Ahmad, K.），1976 年，《伊斯兰教：准则与特征》（*Islam: principles and characteristics*），摘自库尔希德·阿赫默德编：《伊斯兰教：意义与启示》（*Islam: Its meaning and message*），伦敦：欧洲伊斯兰理事会（Islamic Council of Europe），第 43 页。

② 阿富汗、印度尼西亚、黎巴嫩、马来西亚、塞内加尔、塞拉利昂、布基纳法索、尼日利亚和坦桑尼亚。

主，把民主视为进步的必要条件，但是大多数人不同意这一说法：即美国是真心在这一地区推动建立民主制政府。

穆斯林认为，美国、很大程度上还有欧洲在推进民主方面持"双重标准"：它长期支持专制政权，未曾推进穆斯林世界的民主，就像苏联解体后它在其他地区和国家做的一样。这一认识影响了穆斯林对美国的态度。

在2002年一个重大政策演讲中，乔治·W. 布什内阁的前资深国务院官员理查德·哈斯（Richard Haass）大使谈到，在入侵伊拉克之前，不论民主党还是共和党政府都对穆斯林世界持"民主例外论"，让民主服从于其他的国家利益，如获得石油、遏制苏联以及平衡阿拉伯—以色列冲突。[1]

近来，穆斯林对美国推进民主的嘲讽增加了，这有诸多原因：仅仅因为拥有大规模杀伤性武器不能坐实，美国才事后性的将"创建民主"作为入侵伊拉克的理由；美国在伊拉克设计了一个"可以接受的"、美国版本的民主制，并一手挑选了艾哈迈德·沙拉比（Ahmad Chalabi）作为"乔治·华盛顿"；从关塔那摩到阿布格莱布的恶劣的人权记录。而美国和欧洲拒绝承认巴勒斯坦民主选举产生的哈马斯政府，进一步加深了既有的印象。

"只要结果是他们喜欢的，他们（美国官员）当然愿意民主"，人权观察组织的领导肯尼思·罗斯（Kenneth

---

① 美国国务院，2002年12月4日，"穆斯林世界向进一步民主化迈进"（Towards greater democracy in the Muslim world），2007年9月14日摘自 http://www. state. gov/s/p/rem/15686. html。

Roth）告诉《金融时报》（*Financial Times*）说。罗斯坚信美国推进民主的使命已经等同于"政权转换"，并在穆斯林世界毫无信用可言。"它对民主制的推动现在已经结束"，他说。①

萨拉马·内玛特（Salameh Nematt）是位约旦分析家，他曾任阿拉伯语报纸《生命报》（*al-Hayat*）驻华盛顿主管。在《华盛顿邮报》（*Washington Post*）上，他回应了罗斯的悲观论调：

> "民主在这些地区人们的眼里成为丑陋的东西，对基地组织来说将是他们的成功，这也是专制的阿拉伯政权的成功。他们可以告诉人民：'看看美国人想要带给你们的民主。民主是个麻烦。你们最好忘掉美国人允诺你们的。他们承诺你们死亡'"②

横扫穆斯林世界的大众媒体大爆炸，超出了政府的控制范围，影响了全球穆斯林的观点。《中东报》（*Asharq Al-Awsat*）和《生命报》（*Al-Hayat*）这样的纸面媒体、加入

---

① 丁摩尔，2007 年 1 月 17 日，"一致的趋势？为什么世界范围的民主在衰退"，《金融时报》，2007 年 9 月 14 日摘自 http：//www.ft.com/cms/s/0/5bb0e9a2-a5d0-11db-a4e 0-0000779e2340.html。

② 沙迪德，"阿拉伯支持者对战争结果感到不快"，《华盛顿邮报》，2007 年 9 月 14 日摘自：http://www.washingtonpost.com/wp-dyn/content/article/2007/01/21/AR2007012101282.html。

**半岛电视台**

资料来源：新闻图片提供。

了半岛电视台、阿拉伯人电视台以及 MBC① 还有其他电视台组成的电视网络，提供了 CNN 和 BBC 之外的其他选择。在沙特阿拉伯，我们可以看到信息革命的结果：这里的很多人指出，传统的国际电视频道（82%）、报纸（65%）、国际广播（42%）和网络（32%）是充分了解国际事件的"非常重要"的渠道。当问及在过去七天里是否观看过半岛电视台的节目，五分之一的沙特人说他们看过卫星新闻频道，因为它的报道"现场"、"客观"和"大胆"。

---

① 即 Middle East Broadcasting Center，这是一家覆盖阿拉伯世界的具有相当影响力，不加密传输的新闻和娱乐电视台。——译者注

# 穆斯林认为能够改善与西方关系的
# 机会是什么？

调查显示，就西方关注与阿拉伯/穆斯林世界建立更好的关系这一点上，非洲国家的感受最为积极。在所有调查的国家中，塞拉利昂人是最可能说西方表现出了这种关切的，其穆斯林人口比例为64％。在大多数穆斯林人口为主体的亚洲国家和中东国家，看法就截然不同了，认为西方没有表现出这种关切的人要远远多于认为西方有这种关切的。土耳其人的看法最消极，64％的土耳其人认为，西方不关心与穆斯林世界建立更好的关系；57％的埃及人和53％的科威特人也认为西方没有表示出这一关切。

尽管反馈的信息触目惊心，但是穆斯林是否想和西方有更良好的关系？在绝大多数国家中，关切西方和穆斯林文化之间能更好地互相理解的人口百分比，远远高于不关切这一问题的人口比例。在一些案例中，如沙特阿拉伯、摩洛哥和黎巴嫩，关切与不关切的人比例为 2:1。

但是，在改善和穆斯林世界的关系方面，受访者是否相信西方能够做些什么？从摩洛哥到印度尼西亚，对这个可自由回答的问题最通常的答案是：

- 表现出更多的尊重；更多的体谅。
- 不要低估阿拉伯/穆斯林国家的地位。

- 对作为宗教的伊斯兰教表现出更多的理解，不要
  贬低伊斯兰教的根本。

> 在问到"你最不喜欢西方的是什么"时，最多
> 的回答是仇恨，或对伊斯兰教和穆斯林的贬低。

同样有启发意义的是，在问到"你最不喜欢西方什
么"时，最多的回答是仇恨，或对伊斯兰教和穆斯林的贬
低。但是这些回答如何与自由和民主的议题联系起来？

当受访者被问到："假设有来自美国政府的人私下问
你，在这个国家中为改善和你一样的人的生活质量，美国
可以做的最重要的事情是什么？你有什么建议？"排在
"降低失业率和改善经济结构"之后最普遍的回答是，"停
止介入阿拉伯/伊斯兰国家的内部事务"，"停止灌输你们
的信仰和政策"，"尊重我们的政治权利，不要想控制我
们"，以及"给我们我们自己的自由"。

近距离审视那些我们称之为"穆斯林民主主义者"
的人①——他们相信民主制对他们的进步和未来至关重
要——可以加深我们对这个问题的理解。或许这个群体最
有意思的特点是他们特别强调宗教和妇女的权利：

---

① 为了完成这个分析，我们选择了十个人口最多的穆斯林多数国家，它们构
成全球穆斯林人口的80%。它们是埃及、印度尼西亚、约旦、沙特阿拉伯、土耳其、
黎巴嫩、巴基斯坦、摩洛哥、伊朗和孟加拉国。

- 大部分穆斯林民主主义者认为拥有丰富的精神生活是最基本的，是须臾不可缺的，超过 60% 的人说在过去一周他们参加过一项宗教活动。
- 大部分人支持妇女拥有：和男性同样的法律权利（78%），不受家庭干预的投票权（88%），拥有与能力相当的工作权（82%），在内阁和国民大会担任领袖的权利（72%），及驾驶汽车的权利（67%）。

**美军设在伊科边境上的 BUCCA 军事监狱**

资料来源：http://bbs.2muslim.com/viewthread.php?tid=105655&extra=page%3D1

有趣的是，越是关心与西方建立良好关系的穆斯林民主主义者，越可能认为美国是不讨人喜欢的，并且认为西方社会没有表现出与阿拉伯/穆斯林世界更好共存的关切。只有很小比例的人（5%到10%）相信美国是值得信任、友好的，或是尊重其他国家的。

　　鉴于以上的认知，再加上许多人相信西方与伊斯兰教及穆斯林的关系是对抗性的，在谈到民主、法治、人权时，我们得到的教训之一或许是：西方对自身采用的标准必须与它对别人的期望和要求相一致。

---

**要点：**

\* 虽然穆斯林国家普遍缺少民主，但是许多穆斯林重视相当多的民主制原则。

\* 普遍而言，穆斯林认为民主制价值观和宗教原则之间不存在矛盾。

\* 总之，穆斯林既不希望神权统治也不喜欢世俗民主，他们情愿选择第三种模式，即宗教原则和民主价值观共存。

\* 穆斯林男性和女性都支持沙里亚作为立法的依据之一，同时，绝大多数人不希望宗教领袖直接负责起草宪法。

# 第三章　激进主义者是怎样产生的?

反对全球恐怖主义的战争已经发动六年多了，然而穆斯林极端主义和暴力仍然在持续增长。从北非到东南亚，恐怖袭击横扫世界，其目标不断扩大，从卡萨布兰卡、马德里、伦敦，一直到伊斯坦布尔、利雅德、雅加达和巴厘岛。世界上的那些奥萨马·本·拉登们把穆斯林世界和西方支持的阿富汗反对苏联占领的斗争——转变成了一场自杀式炸弹、人质劫持的非神圣战争，以及范围广泛的恐怖活动。

与此同时，伊斯兰教恐惧症在欧洲和美国急剧增加，而反美主义在阿拉伯和穆斯林世界持续传播。在西方，我们为发生在伊拉克、以色列、巴勒斯坦、阿富汗、巴基斯坦和印度尼西亚的恐怖袭击和自杀式炸弹所震撼，而震撼穆斯林世界的，则是伊拉克的被侵略和占领、发生在阿布格莱布和关塔那摩的虐行、以色列入侵加沙和南黎巴嫩造成的平民死亡和毁灭的图像。

基于这一背景，美国渴望在其认为支持恐怖主义的穆斯林国家中建立稳定的世俗民主政治，并认为成功地创建这样的民主政治，是在"反恐战争"中胜利的最根本措施。

美国和欧洲的领导人们都谈到，这是一场观念的战争，赢得穆斯林的心灵和头脑至关重要。但是，在达成这一目标之前，尚有很多挑战亟待克服。在日渐恶化的大氛围中，文明冲突似乎越来越不可避免的号角已经吹响，我们能够做什么？对公共外交的需求从来没有受到足够的重视，我们更重视的是获得那些我们希望说服的人们的可靠资料。

美国前国防部长罗伯特·麦克纳马拉（Robert McNamara）说，他现在相信，使美国在越南战争期间遭受惨败的是，美国对它的敌人——北越几乎一无所知。① 美国不知道它的敌人在想什么或是想要什么。就宽泛的地缘政治术语来说，这场战争只是"多米诺骨牌理论"的一个部分，是在全球范围阻止一体化的共产主义传播的一场斗争，正如当前的战争正在转向一场反对全球恐怖主义的战争（一些穆斯林视之为一场反对伊斯兰教的战争）一样。②

---

① 罗伯特·麦克纳马拉（Robert McNamara），1996 年 4 月 16 日，《公共服务的一生：与罗伯特·麦克纳马拉对话》（*A life in public service：conversation with Robert McNamara*），哈里·克莱斯勒（Harry Kreisler）的访谈，Berkeley, California：Regents of the University of California. 2007 年 9 月 16 日摘自 http：//globetrotter. berkeley. edu/McNamara/mcnamara7. html。

② BBC 新闻（2006 年 4 月 23 日），"西方正在进行一场十字军东征——本·拉登"（West in on a crusade-Bin Laden），2007 年 9 月 16 日摘自 http：//news. bbc. co. uk/2/hi/middle-east/4936284. stm。

随着国际社会同全球恐怖主义的斗争持续进行，我们近距离地观察和理解"他者"至关紧要。这些"他者"既包括温和派穆斯林即穆斯林的主流大多数，也包括少数的极端主义者——后者在今天或是将来某一天会与极端主义和恐怖主义发生联系。一些必须被问及、而且盖洛普的研究在某种程度上已经做出了解答的关键问题包括：

- 谁是政治激进主义者？
- 恐怖主义与贫困或无知有何关联？
- 伊斯兰教与恐怖主义之间是何关系？吉哈德与自杀式恐怖主义有何关系？
- 为什么他们仇恨我们和我们的生活方式？
  - —— 政治激进主义者对我们的自由和科技有何感受？
  - —— 他们怎么描述西方国家及其领袖？
  - —— 他们怎么看待美国？
- 激进主义的首要驱动力是什么？

## 谁是政治激进主义者？

过去几十年，学者专家们一直在讨论恐怖主义和极端主义是怎样产生的。关于恐怖主义成因的说法有心理学的（恐怖分子是反常的、精神错乱的、无理性的），社会学的

（他们缺少教育，是疏离、不适应社会的人），经济的（他们是穷人、失业者、绝望者），政治的（他们拒绝民主、自由和人权），以及宗教的（他们是盲信者、狂热分子，是一种暴力宗教的信仰者，拒绝现代化和科技）。

> 对极端主义的传统认知常常落入直觉判断，认为宗教狂热、贫困和无业相结合，促生了极端主义和恐怖主义。

　　基于根深蒂固的成见和预设，对极端主义的传统认知常常落入直觉判断，认为宗教狂热、贫困和无业相结合，促生了极端主义和恐怖主义。在"9·11"之后的几周里，显而易见的是，人们不愿意把极端主义者视做会对感受到的不公做出反应、也具有智力和理性的人。媒体报道了"令人震惊的发现"，许多袭击者居然不是来自社会中那些贫困、被践踏、没有受过教育和疏离的部分；相反，他们和基地组织的头领奥萨马·本·拉登和扎瓦赫里博士（Ayman al-Zawahiri）一样，受过良好教育，出身于中层和上层阶级，有着稳定的家庭背景。这一情况就提出了重要的疑问，那就是为什么来自似乎正常背景的人会变成恐怖分子。

　　然而，"9·11"袭击者、基地组织和其他恐怖组织领导人的背景是否应当让我们如此吃惊？如果我们对较近的历史有所记忆的话，就应当不会惊讶。穆斯林极端主义并不是一个新现象。

从埃及、阿尔及利亚到黎巴嫩、巴基斯坦、印度尼西亚和南菲律宾，极端主义组织已经存在了数十年。早些时候埃及社会学家萨阿德·艾丁·易卜拉欣（Saad Eddin Ibrahim）以及其他人对 1981 年埃及总统安瓦尔·萨达特被暗杀进行的研究得出结论：

> 武装伊斯兰组织成员的典型社会情况可概括为年龄轻（20 岁出头），出身农村或城镇家庭，来自中等和中低阶层，有强烈的成就动机，有向上流动的愿望，受过科学或是工程专业的教育，来自正常稳定的家庭……我们调查的大多数人可视为模范的埃及青年。①

> 根据媒体报道，许多"9·11"劫机者自身展示出的行为，几乎不可能是一个虔诚穆斯林所践行的。

① 萨阿德·艾丁·易卜拉欣（Saad Eddin Ibrahim），1982 年 2 月，"埃及的伊斯兰武装分子"（Egypt's Islamic militants），《中东研究与信息项目报道》（*MERIP Reports*），103 期；又见萨阿德·艾丁·易卜拉欣，"作为社会运动的伊斯兰战斗性"（Islamic militancy as social movement），载阿里·希拉勒·德索基（Ali E. Hillal Dessouki）编，《阿拉伯世界的伊斯兰复兴》（*Islamic Resurgence in the Arab World*），纽约Praeger，第 128—131 页；伊曼纽尔·希万（Emmanuel Sivan），1990 年，《激进伊斯兰中世纪神学与现代政治》（*Radical Islam: medieval theology and modern politics*），耶鲁大学出版社（New Haven: Yale University Press），第 118—119 页。

相似的是，除了一些例外，今天的这类武装分子和恐怖分子——从"9·11"袭击者到伦敦"7·7"炸弹袭击者——都是中产阶级或工人阶级背景、受过教育的人。有些人虔诚，有些则不虔诚。例如，根据媒体报道，许多"9·11"劫机者的所作所为，几乎不可能是一个虔诚穆斯林会做的。他们中不少人酗酒成性，时常光顾脱衣舞夜总会和色情场所。

　　这些人中的大多数并非毕业于经文学校，而是毕业于私立或公立的学校和大学。本·拉登受过管理学、经济学和工程学的训练。扎瓦赫里是一个外科医生，基地组织的其他一些头目，还有那些负责袭击世贸中心和五角大楼的人，比如穆罕默德·阿塔，是受过良好教育的中产阶级职业人士。绑架并谋杀《华尔街日报》记者丹尼尔·珀尔（Daniel Pearl）的奥马尔·谢赫（Omar Sheikh）在英国出生，曾在一些精英式私立学校接受教育，其中包括伦敦经济学院。①

　　理解极端主义者和极端主义的实质，需要一种全球的视野，超越专家们众说纷纭的见解、或是来自"阿拉伯街区"的奇闻逸事。在对全球穆斯林进行的民意调查中，他们不得不说的是什么？有多少穆斯林持极端主义的观点？

---

　　① BBC新闻（2002年7月16日），"人物概评：奥马尔·萨义德·谢赫"（Profile：Omar Saeed Sheikh），2007年9月16日摘自 http://news.bbc.co.uk/1/hi/uk/1804710.html。

穆斯林的希望和恐惧是什么？他们优先考虑的是什么？他们向往的是什么，憎恨的又是什么？

根据盖洛普民意调查，7％的受访者①认为"9·11"袭击是"完全"正当的，美国是令人不快的。在那些认为"9·11"袭击不正当的人中，也就是那些我们称之为"温和"穆斯林的人中，有40％的人是亲美国的，但是有60％认为美国令人不快。

对这7％与温和的大多数人的回答进行分析和比较，得出了一些令人惊异的结果。我们集中关注这7％，也就是我们因其激进的政治导向而称之为"政治激进派"的人们，但是我们不是说这部分人全都会实施暴力活动。不过，有着极端主义观点的这些人是恐怖主义组织招募新人或是寻求支持的潜在资源。这一群体也热衷于改变政治环境，因而他们更可能认为对平民发动的其他攻击是正当的：13％的政治激进派认为对平民发动攻击是"完全正当"的，而在温和穆斯林中这一比例仅为1％。

持极端主义观点的群体都是什么年龄和性别？他们较为年轻，但是比例并不是非常大：49％的极端主义者年龄在18—29岁之间；而同一年龄段中持温和观点的人数比例为41％。与一些人的估计相反的是，尽管政治激进主义者

① 为了完成分析，我们选择了十个人口最多的穆斯林多数国家，它们构成全球穆斯林人口的80％。它们是埃及、印度尼西亚、约旦、沙特阿拉伯、土耳其、黎巴嫩、巴基斯坦、摩洛哥、伊朗和孟加拉国。

更可能是男性（62%），但依然有37%为女性。而且，有少数自杀式炸弹袭击者是女性。[1]

## 恐怖主义与贫困或无知之间有何关联？

《2005年阿拉伯发展报告》和其他许多研究都充分表明这一地区存在显著的贫困和文盲问题。与许多非穆斯林发展中国家一样，在巴勒斯坦的难民营，阿尔及尔、开罗、巴格达、雅加达的贫民窟，我们都会发现此类问题。贫困、信息匮乏、缺少社会流动必需的技能，这些都源自会导致大范围不满的根深蒂固的经济、社会问题。但是，缺乏教育和贫困是否是区分持极端主义观点的穆斯林与温和派的关键因素？调查数据显示并非如此。

就平均水平来说，政治激进派比温和派受教育更多：67%的政治激进派受过中等或者更高的教育（与此相对，温和派中的比例为52%）。激进主义者的经济状况也并非更加不利：65%的政治激进派说他们的收入与平均收入持平，或高于平均收入，在温和派中，这一比例为55%。

---

① 汉德维克（Handwerk, Brian），2004年12月13日，"女性自杀炸弹袭击者：拼死杀戮"（Female suicide bombers: dying to kill），国家地理频道，2007年9月16日摘自 http://news.nationalgeographic.com/news/2004/12/1213-041213-tv-suicide-bombers.html。

# 政治激进主义者是不是失业者和绝望者？

> 看失业率或是工作状况，都无法把激进主义者与温和派区分开来。

从阿尔及利亚到埃及、巴基斯坦、孟加拉国和印度尼西亚，失业和贫困一直是主要的社会问题。然而，不论失业还是工作状况都无法区分激进主义者和温和派。政治激进派和温和派的失业率之间没有区别，两者都接近20%。

而且，在那些有工作的人当中，政治激进派占据的职位更为重要：几乎一半（47%）的政治激进派说自己在工作中要监督别人，而在温和派中，这一比例是34%。

激进主义者并不比主流群体感觉更加绝望。激进主义者中有很大比例的人反映，他们对自己的财务状况、生活水平、生活质量更加满意：64%的政治激进主义者认为自己的生活水平在逐渐提高，而温和派中这一比例是55%。

令人诧异的是，就平均水平来说，政治激进派比温和派对自己个人的未来更加乐观。更多的政治激进派（52%，温和派中是45%）认为五年内自己的经济状况会比现在更好。不过，正如我们应当看到的，虽然持极端主义观点的人中更多人对自身的生活更加乐观，但是他们普遍对世界事务和国际政治感到悲观。

## 宗教与恐怖主义之间有何联系？

恐怖主义者使用的宗教话语和宗教象征使得宗教成为人们关注的核心。许多评论家指责说伊斯兰教是一个好战或暴力的宗教，全球恐怖主义要归咎于伊斯兰教，恐怖主义者是些特别虔诚的家伙。比如，山姆·哈里斯（Sam Harris）在《华盛顿时报》的一篇评论中写道：

> 现在是时候承认我们不是在与"恐怖主义"开战。我们是在与伊斯兰教开战。这不是说我们要与所有穆斯林开战，但是我们绝对是在与《古兰经》为所有穆斯林所规定的生活图景开战。穆斯林原教旨主义成为我们的威胁，其唯一原因是，伊斯兰教的诸多基本原则是对我们的威胁。每个美国人都应该读读《古兰经》，你会发现字里行间对非穆斯林的无情污蔑。认为伊斯兰教是一个"被极端主义者劫持的和平宗教"，这一观念是一个充满危险的空想，现在尤其是一个让穆斯林沉溺其中的危险的空想。①

---

① 哈里斯（Harris, Sam），2004 年 10 月 2 日，"陷入一场宗教战争"（Mired in a religious war），《华盛顿时报》（*Washington Times*）。

《首页》(*FrontPage*) 杂志的劳伦斯·奥斯特也赞同这一观点。他写道:"问题不在于'激进'的伊斯兰,而在于伊斯兰教本身,我们必须从其遵循的东西出发,去设法削弱和遏制它……"①

那么数据说明了什么?个人的虔诚是否与激进的观点相互关联?答案是否定的。持激进和温和观点的绝大多数人(比例分别为94%和90%)说,宗教是他们日常生活的一个重要部分。激进主义者和温和派去清真寺的次数不存在显著的差别。

> 个人的虔诚是否与激进的观点相互关联?答案是:"不!"。

盖洛普对受访者做了进一步的调查,询问那些宽容或谴责极端主义行动的人各自的理由。得到的答案与传统的认知相去甚远。比如,在全球最大的以穆斯林人口为主体的国家印度尼西亚,许多谴责恐怖主义的人都以人道主义或是宗教理由来支持自己的观点。比如,一位妇女说"杀一个人和杀整个世界的罪过一样",这是将《古兰经》第5

---

① 奥斯特 (Auster, Lawrence),2005 年 1 月 28 日,"探寻温和伊斯兰" (The search for moderate Islam),FrontPageMagazine. com,2007 年 9 月 16 日摘自 http://www. frontpagemag. com/articles/Read. aspx?  GUID  =  ｜5F4D7BB5-CA89-4C09-986-67CF241C2098｝。

章 32 节经文①换了个说法。

　　另外，在宽容"9·11"恐怖袭击的印度尼西亚受访者中，没有一个人引用《古兰经》来说明这一行为的正当性；相反，这一群体的回答非常世俗和现实。例如，一位印度尼西亚受访者回答说"美国政府对其他国家的控制太强，看上去好像在殖民"。

> 　　宽容恐怖行为的人与其他人的真正区别在于政治，而不是宗教虔诚度。

　　宽容恐怖行为的人与其他人的真正区别在于政治，而不是宗教虔诚度。

　　那么，我们如何来解释极端主义者的宗教修辞呢？正如我们的数据清楚显示的，在今天的阿拉伯和穆斯林世界，宗教是主导性意识形态，就像埃及总统纳赛尔时期世俗化的阿拉伯民族主义占据主导地位一样。巴勒斯坦民族解放组织起初是一个世俗组织，它在修辞中运用世俗的巴勒斯坦民族主义来证明自己暴力行动的合法性，并借此招募新人。与阿拉伯民族主义在 20 世纪 60 年代一样，今天宗教被用来说明极端主义和恐怖主义的正当性。

---

　　① 此节经文的原文为：凡枉杀一人的，如杀众人。——译者注

需要在更为广阔和复杂的背景下。对宗教与极端主义之间的联系进行审视，纵深了解历史，宗教、政治与社会之间一直存在着紧密联系。领导者们总是利用和劫持宗教来招募成员，证明自己行动的正当性，并赋予神圣斗争中的战斗和牺牲以荣耀。

## 伊斯兰教与吉哈德有何关联

没有一个词像吉哈德（jihad）这个词一样，被到处使用并滥用，成为以伊斯兰教之名实施的暴力和恐怖行动的普遍象征符号。在阿富汗抵抗苏联占领期间，吉哈德一词曾被使用。至此之后，穆斯林抵抗和争取解放的每一次斗争，以及发生在波斯尼亚、科索沃、车臣、克什米尔、加沙、黎巴嫩、巴厘岛的极端主义和恐怖主义，都使用了这一词语。具有讽刺意味的是，诸如本·拉登、扎卡维、伦敦炸弹袭击者这样的恐怖分子和其他的极端主义者，以及许多非穆斯林，都把吉哈德混淆为穆斯林对不信仰者的"圣战"。不过，许多严谨的穆斯林反驳说，"圣战"不是伊斯兰教的词语，而是产生于十字军时期的基督教词语。

正如我们在前面所讨论的，吉哈德在历史上有着多重的、互相冲突的含义。不过，即使用军国主义的术语进行解释，吉哈德也有一定的限定条件：它不能够是先发制人的，它必须要由一个国家或是宗教实体来宣布，而且不得以平民为目标。对穆斯林来说，吉哈德这一词语意味着荣誉

**加沙的隔离墙**

资料来源：http：//www. deskoo. net/html/qitabizhi/20090329/36342. html

和为他人牺牲。因此，将吉哈德与**恐怖主义**互换，不仅是不准确的，而且会产生相反的效果。有一点很清楚：与西方评论家们一成不变地引用这一词语时的单一理解相比，全球穆斯林对于吉哈德这一概念的认识存在相当大的差别。

## 宗教与政治：昨天与今天

今天，许多人会认为伊斯兰教中宗教与政治的联系独特而罕见。不过纵观历史，在其他宗教中宗教与政治也曾联系在一起。在犹太教中，征服并定居以色列的行动是在神的指引下进行的；大卫王和所罗门王是由神所选定的。

在基督教中，国王和皇帝们常常由教皇来加冕。十字军东征被视为神恩准的圣战；教皇乌尔班二世宣称，"这是神的意愿"。[①] 还有王冠与十字架，帝国的扩张，受西班牙征服者和欧洲殖民主义推动的基督教传教活动。在印度教中，国王维护神圣秩序，达摩（dharma）[②] 信条维护着印度社会的种姓制度。

**美军在伊拉克**

资料来源：http：//www.deskoo.net/html/qitabizhi/20090329/36342.html

---

① 穆罗（Munro, D.），1895 年，《欧洲历史原初资料翻译与重印》（*Translations and reprints from the original sources of European history*, Vol. 1：2），费城：宾夕法尼亚大学，2007 年 9 月 16 日摘自 http：//www.fordham.edu/halsall/source/urban2-5vers.html。

② 即"法"。——译者注

近几十年来，在全球范围内，宗教已经成为解放和抵抗战争、同时也是恐怖主义行动的一个重要因素。在印度锡克教徒与印度教徒之间，在前南斯拉夫穆斯林波斯尼亚人、克罗地亚天主教徒和东正教的塞尔维亚人之间，在黎巴嫩内战中的基督徒、穆斯林和德鲁兹派民兵之间，在北爱尔兰天主教和基督新教的武装之间，在尼日利亚的穆斯林和基督徒之间，在巴勒斯坦穆斯林（哈马斯和伊斯兰圣战组织）和以色列犹太教原教旨主义者（忠信者团体，the Gush Emuneim）、梅厄·卡罕（Meir Kahane）的卡赫党（Kach Party）、伊加尔·阿米尔（Yigal Amir）[①]之间，在这些冲突中我们都会看到宗教的因素。

> 天主教、路德宗、长老会的激进分子向同性恋酒吧扔炸弹，射击或刺杀从事堕胎工作的人，并炸毁他们的诊所。

让我们看看美国国内，在过去十五年里，美国本土发生的绝大多数恐怖袭击是基督教恐怖组织干的。天主教、路德宗、长老会的激进分子向同性恋酒吧扔炸弹，射击或刺杀从事堕胎工作的人，并炸毁他们的诊所。白人基督徒

---

① 忠信者团体是犹太复国主义的右翼团体。梅厄·卡罕是当代犹太极端势力的精神领袖。伊加尔·阿米尔是刺杀以色列总理拉宾的凶手。——译者注

至上论激发了亚特兰大百年奥林匹克公园的袭击事件以及其他此类事件。威廉·皮尔斯（William Pierce）倡导的宇宙神论被提摩太·麦克文（Timothy McVeigh）用来证明俄克拉荷马城联邦大楼爆炸的正当性。不论有多少不同，各个宗教都已经成为一种工具，使神圣的或非神圣的斗争与战争具有合法性。①

## 宗教与自杀式恐怖主义

自 20 世纪 80 年代，穆斯林武装组织和斯里兰卡泰米尔猛虎组织把自杀式炸弹袭击作为抵抗运动的最主要战略武器以来，它就成为恐怖主义中最有争议、传播最为迅速的方式。人们通常认为，宗教原教旨主义者或宗教狂热分子受到圣战精神和殉教者可进天国的允诺的激发，去实施自杀式爆炸。恐怖主义者是在利用宗教招募自愿者，但宗教是否就是恐怖主义的关键推动力？

对 1980—2004 年间全球每一起自杀式袭击所做的研究揭示出，外来占领几乎是每一起袭击事件的诱因。在《拼死去赢：自杀式恐怖主义的逻辑》一书中，作者罗伯特·派普（Robert Pape）写道：

---

① 引自 Mark Juergensmeyer 在"民主、恐怖主义和安全"国际高峰论坛上的发言。论坛于 2005 年 3 月 8—11 日在西班牙马德里召开。

> 关键的事实是，绝大多数的自杀式恐怖袭击与其说是受宗教的驱使，不如说为了达到明确的战略目标，那就是迫使现代民主制度从他们视之为祖国的土地上撤回自己的军事力量。从黎巴嫩到斯里兰卡、车臣、克什米尔，一直到西岸，每一次重大的自杀式恐怖活动（超过所有恐怖事件的95%）都有自己的中心目标，即迫使一个民主国家回撤。①

不过，在对真实的或是被认为的占领和不公正进行矫正之时，宗教性组织和世俗组织一样，都常常把自己的恐怖行动放置于一个强大的宗教背景之中。

> 在对真正的或是被认为的占领和不公正进行矫正之时，宗教性组织和世俗组织一样，都常常把自己的恐怖行动放置于一个强大的宗教背景之中。

---

① 罗伯特·派普（Robert Pape），2005年7月18日，《自杀式恐怖主义的逻辑》，斯科特·麦克康奈（Scott McConnell）所做的访谈，《美国保守主义》（*The American Conservation*），2007年9月16日摘自 http：//amconmag. com/2005-07-18/article. html。

泰米尔猛虎组织是一个带有马克思列宁主义色彩的组织，它的主要战术就是自杀式炸弹。它与斯里兰卡的僧伽罗佛教徒（Sinhalese Buddhist）进行斗争争取独立时，就诉诸泰米尔印度教的认同。哈马斯最早产生于针对以色列占领的抵抗活动，但是宗教一直被用来证明其恐怖行动的合法性。即便与哈马斯相似的巴勒斯坦世俗武装阿克萨烈士旅，也用宗教来证明其自杀式炸弹的正当性。它选用"阿克萨"（耶路撒冷的一个大清真寺和宗教场所）作为自己的名称，称自己的袭击活动为"吉哈德"，说死去的袭击者是"圣战者"或是烈士。一些恐怖主义者，比如"9·11"中的劫机者，并不特别严格遵守教规（他们随意喝酒，等等），但是当他们面对死亡时，都转向了宗教（背诵经文、礼拜）。

黎巴嫩、马德里和伊拉克为说明过去20多年自杀式炸弹袭击的战略、战术和目标提供了很好的例证。尽管据说自杀式袭击起始于巴以冲突中的哈马斯，但实际上，它最早出现在穆斯林世界，是在黎巴嫩。杀伤力最大的袭击发生在1983年，真主党袭击了位于贝鲁特的美国海军陆战队营地，造成241位美国士兵死亡。真主党的自杀式袭击者们宗教背景不尽相同，这说明抵抗运动成员并不一定必然是受到宗教的鼓动。在20世纪80年代黎巴嫩的恐怖袭击中，袭击者中只有8个穆斯林原教旨主义者，还有3人是基督徒，另外27人是共产主义者和社会主义者。[①]

　　1989 年《塔伊夫协定》的签订，标志着黎巴嫩内战的结束。此后，政治环境发生了变化，真主党成为选举政治中的一个参与者。尽管作为一个政党，真主党在黎巴嫩议会占有一定席位，但是它拒绝在南黎巴嫩放下武器，继续同以色列的占领斗争。许多黎巴嫩人、特别是武装伊斯兰主义者普遍认为，2000 年以色列从黎巴嫩南部撤军说明了使用暴力和自杀式炸弹战术的正确性。

　　与黎巴嫩和其他许多国家发生的袭击事件不同，2004 年马德里爆炸案是由与基地组织有联系的一个组织实施的，他们不是为了反对在西班牙的占领，而是想在选举之前让西班牙人陷入恐慌，以便击败在台上的、支持入侵和占领伊拉克的西班牙首相（这一策略显然成功了，新政府在掌权之后很快从伊拉克撤军）。相似的是，根据派普的研究，从 1995 年到 2004 年前期，基地组织三分之二的自杀式恐怖袭击者都来自 1990 年以来美国驻扎重兵的国家。

　　在美国带头的入侵和占领之前，自杀式恐怖主义在伊拉克少为人知。不过，随后逊尼派和什叶派武装争权夺利的派别冲突，及结束美国的占领，都广泛使用了这一战术。派普写道：

────────

　　① 罗伯特·派普，2005 年，《拼死去赢：自杀式恐怖主义的战略逻辑》（*Dying to win: the strategic logic of suicide terrorism*），兰登书屋（New York: Random House），第 130 页。

> 在我们入侵前，伊拉克历史上从未发生过自杀式恐怖袭击。从来没有。自从我们入侵之后，自杀式恐怖主义急速增加，2003 年发生 20 起，2004 年发生 48 起，2005 年仅头五个月就发生了超过 50 起。自美国在伊拉克驻扎 150000 人战斗部队后的每年，自杀式恐怖主义都在成倍增加。[①]

如果说自杀式恐怖主义并不仅仅是受盲目的宗教、种族或是文化仇恨所驱使，而是由感觉到的和真实的不公正引发，那么"为什么他们恨我们"这个一直存在的问题，其答案到底是什么？

## 为什么他们恨我们和我们的生活方式？

"9·11"余霾未散，这一问题已经出现。此后持续的自杀式恐怖袭击和其他恐怖袭击，以及反美情绪的急剧增长，使得这一问题显得更加严重。一些美国政客和专家对此的普遍答案是："他们仇恨我们的生活方式、我们的自由、民主和成功。"

---

① 罗伯特·派普，2005 年，《拼死去赢：自杀式恐怖主义的战略逻辑》（*Dying to win：the strategic logic of suicide terrorism*），兰登书屋（New York：Random House），第 130 页。

鉴于反美情绪不仅仅在激进主义者中有广泛的基础，而且在穆斯林世界主流的绝大多数人中也是如此，上述答案并不令人满意。尽管穆斯林世界表达了诸多共同的不满，但是，在对待西方的态度上，政治激进派和温和派是否有所不同？

- 当被问及羡慕西方的什么时，政治激进派和温和派自发提及最多的回答是：（1）科技；（2）西方的价值体系，勤奋工作、自我负责、法治、合作；（3）公平的政治体制，民主，对人权的尊重，言论自由，性别平等。
- 与极端主义者反对民主这一普遍认识相反，政治激进派中有相当高的比例（50%，在温和派中这一比例为35%）认为，"向更高的政治民主发展"会推动阿拉伯/穆斯林世界的进步。

　　而且，在对穆斯林世界与西方关系的认识上，政治激进派并不是简单地排斥西方：在"我非常关切西方与阿拉伯/伊斯兰文化之间的更好理解"这一问题上，政治激进派与温和派没有显著的比例差别。

> 在对穆斯林世界与西方关系的认识上，政治激进派并不是简单地排斥西方。

更让人惊奇的是，政治激进派更渴望阿拉伯/伊斯兰国家与西方改善关系：58%的政治激进派表达了这一愿望（与此相对，温和派的比例是44%）。

## 穆斯林如何评价西方国家
## 和他们的领导人？

尽管许多西方人认为，反美情绪与对西方的基本仇恨、东西方宗教文化的深刻差异有关，但受访者对不同西方国家的评价却显示出另外一种景象。对美国和英国的不良看法并不排除受访者对其他西方国家，比如法国和德国的良好态度。

政治激进派对调查涉及的所有西方国家的看法，一直比温和派更为负面。不过，他们对西方各个国家的看法却大相径庭。即使那些政治激进派，他们看待不同的国家及其领导人时也有差别，并不认为西方是一个单一的整体。比如，只有四分之一的政治激进派对法国（25%）和德国（26%）有很不好的看法，但是对于英国和美国，这一比例却急升至68%和84%。

对西方国家首脑的不良看法也有显著差异：90%的政治激进派和62%的温和派表示非常厌恶乔治·W. 布什；70%的政治激进派和43%的温和派"根本"不喜欢英国前首相托尼·布莱尔。这种不喜欢并未波及其他西方领导人。比如，不喜欢法国前总统希拉克的比例就相当低，占政治激进派中的39%，温和派中的24%。

相似的是，有81%的政治激进派和67%的温和派认为美国具有侵略性，但很少有人认为法国（温和派中的7%和政治激进派中的9%）和德国（温和派中的8%和政治激进派中的9%）具有侵略性。这些数据并没有显示出政治激进派中存在对西方文化的全面盲目的仇恨。

## 他们如何看待美国？

在《国际先驱论坛》评论版的一篇文章中，卡内基学者法沃斯·戈尔戈斯（Fawas Gerges）描述了他与一位人权倡导者、埃及人哈齐姆·萨勒姆（Hazem Salem）在开罗的对话。这位活动家二十多岁，他告诉戈尔戈斯说："看看美国人都在伊拉克干了些什么。美国把民主当面具，它殖民穆斯林，偷走我们的石油。"

当戈尔戈斯提醒他布什总统赞成在阿拉伯世界推进民主时，萨勒姆反驳说："不，他是在推进混乱和内战。"①

尽管传播民主一直是美国的既定目标，但是穆斯林人

①　戈尔戈斯（Gerges, F.），2006年10月13日，"平息穆斯林的愤怒"（Stroking Muslim anger），《国际先驱论坛》（*International Herald Tribune*），2007年9月16日摘自http：//www.iht.com/article/2006/10/13/opinion/edgerges.php。

口占多数或是有可观的穆斯林人口的国家，大都、实际上全部认为美国没把在该地区建立民主体制当回事儿，几乎无一例外：

- 认为美国认真对待建立民主体制的比例，在埃及和约旦仅有 24%，在土耳其仅有 16%。
- 认为美国确实是想建立民主制的最大比例人群是在黎巴嫩（54%）、塞拉利昂（68%）和阿富汗（53%）。

政治激进派对世界事务持怀疑和悲观态度。一般来说，政治激进派大多对美国及其推行民主的做法持怀疑态度：大概有一半（52%）的温和派说他们不认为美国在该地区积极推行民主，而持这一态度的政治激进派几乎是三分之二（72%）。

正如在先前民主例外论的讨论中提到的一样，许多穆斯林指责美国和西方在阿拉伯/穆斯林世界推进民主和人权方面普遍持双重标准。尼日利亚乔斯（Jos）的一位政治家兼社团领袖萨利赫·巴耶里（Saleh Bayeri）说："不论以色列什么时候打击巴勒斯坦人，国际社会和美国都视而不见或一言不发。一旦巴勒斯坦发起反击，美国、英国和以色列的其他朋友都会谴责这是恐怖袭击。这就是问题所在。这显示出西方在对待穆斯林时持有偏见。"①

开罗美国大学女子学院是该地区顶尖的西方教育机构，该校的一名学生在与戈尔戈斯的一场谈话中说："美国已经全权委托以色列来进攻巴勒斯坦和黎巴嫩。反恐战争是一场针对穆斯林的、可以随意定义的战争。"②

> 对政治激进派来说，他们恐惧美国的控制与主宰，又缺乏自决权，这些都强化了他们的无力感。

近三分之二的政治激进派（63％）认为，美国不会允许该地区的人民"脱离美国的直接影响，选择自己认为合适的政治未来"，48％的温和派也表达了同样的看法。对政治激进派来说，他们恐惧美国的控制与主宰，又缺乏自决权，这些都强化了他们的无力感。因此，这样一种信念在政治激进派中间发展起来，即他们必须奉献自我，以改变这种无法维持下去的局面。

---

① 鲍廷（Bortin, M），2006 年 6 月 29 日，"给穆斯林和西方，厌恶与猜疑"（For Muslims and west, antipathy and mistrust），《国际先驱论坛》，2007 年 9 月 16 日摘自 http：//www.iht.com/articles/2006/06/22/news/pew2.php。

② 戈尔戈斯，2006 年 10 月 13 日，"平息穆斯林的愤怒"（Stroking Muslim anger），《国际先驱论坛》，2007 年 9 月 16 日摘自 http：//www.iht.com/article/2006/10/13/opinion/edgerges.php。

> 最常与美国联系在一起的特性是：残酷
> （68%）、科学技术先进（68%）、富有侵略性
> （66%）、自以为是（65%）和道德腐化
> （64%）。

　　当我们在 10 个以穆斯林为主的国家中问及受访者如何看待其他一些国家时，最常与美国联系在一起的特性是：残酷（68%）、科学技术先进（68%）、富有侵略性（66%）、自以为是（65%）和道德腐化（64%）。

## 宗教认同与文化认同的重要性

　　第二次世界大战之后，现代穆斯林国家的建立让人们期待富强昌盛的未来。许多政府和精英都在（政治、经济、法律、教育理念以及制度方面）寻求西方典范的指引。不过，现代穆斯林国家的边界通常是由欧洲殖民者所划定，这样建构起来的国家把宗教、部落、种族认同和忠诚各不相同且历史悠久的人们置于不经选举产生的统治者（国王、军人和前军人）之下。正如日后黎巴嫩和伊拉克的冲突与内战所显示的，这是一个脆弱的国家建构过程，为日后的认同危机、合法性危机、权力危机和权威危机埋下了种子。

到 20 世纪 50 年代后期和 60 年代，不满情绪四处弥漫，再加上西方激励下的自由民主主义，终于为这种局面敲响了丧钟。多个君主和政府仓皇失去权力，埃及、利比亚、叙利亚、苏丹、伊拉克和阿尔及利亚都出现了新的统治者。他们以某种形式的阿拉伯民族主义和社会主义为基础，带着对阿拉伯认同和阿拉伯统一的民粹主义诉求，允诺进行大范围的社会改革运动。而与此同时，类似穆斯林兄弟会之类的伊斯兰运动在埃及、苏丹、叙利亚、约旦和巴勒斯坦等地吸收到了成千上万的成员。

但是，1967 年阿以战争中阿拉伯一方的失利，使得阿拉伯民族主义和阿拉伯社会主义名誉扫地。四处弥漫的失败情绪、认同感的丧失、不成功的政治体系和经济状况、传统宗教和社会价值观的崩溃，这一切带来了最终的幻灭和清醒。作为回应，许多政府转向了伊斯兰教，寻求合法性的支持，以对付不断出现的伊斯兰改革和反对派运动的挑战。自从 20 世纪 90 年代之后，宗教和文化一直是穆斯林政治和社会的一支主要力量。

对于政治激进派和温和派来说，宗教认同的问题都同样重要。在被问及自身最值得称许的是什么时，对此最常见的回答是"忠实于自己的宗教信仰"。而与阿拉伯和穆斯林国家相关的最高宣言是："恪守自己的精神和道德价值观是进步的关键。"但是，激进派和温和派对精神和道德价值强调的程度有所差别。

> 对政治激进派和温和派来说，西方"不尊重伊斯兰"高居最令人憎恶之事的榜首。

　　大约三分之二（65%）的政治激进派认为要取得进步，坚持自己的精神和道德价值具有头等重要性，与此相对应的是，持这种观点的人只占温和派的45%。而且，相对于温和派（51%），更多的激进派（64%）认为丰富的精神生活是绝对必要的。

　　对民意测验所提问题的回答也显示出，穆斯林认为西方对伊斯兰的诋毁，使伊斯兰传统处在日益削弱的危险中。只有12%的政治激进派和17%的温和派认为，可以把西方国家与"尊重伊斯兰价值观"联系在一起。对两个群体来说，西方"不尊重伊斯兰"都高居最令人憎恶之事的榜首。在对如何改善穆斯林和西方关系这一访谈问题的回答中，约旦大学一位20岁的工科女大学生写道：

> 应该制定规则和法律让人们尊重其他宗教信仰的人群，而不是取笑他们。我们必须尽力而为，向西方传播正确的伊斯兰的图像——展示出伊斯兰是一个善和爱的宗教，而不是恐怖主义。西方必须去接受真正的伊斯兰的图像，而不是固

持己见，认为伊斯兰教为恐怖主义服务。①

因而，正如我们可以想见的，当被问及阿拉伯/穆斯林世界可以做些什么以改善与西方的关系时，温和派和政治激进派给出的最靠前列的几个答复是："改进伊斯兰向西方展现的形象，以积极的方式呈现伊斯兰价值观。"

## "反对伊斯兰之战"

在从摩洛哥到棉兰老岛的整个穆斯林世界里，"战争是要反对伊斯兰教和穆斯林"已经成为人们的普遍认识和口号。在 2007 年世界舆论网站（WorldPublicOpinion. org）针对摩洛哥、印度尼西亚、埃及和巴基斯坦居民进行的民意测验中，绝大多数人认为美国的目的是要"削弱和分裂伊斯兰世界"。② 接受调查的人中，大多数认为这一目的背后的原因之一是，西方渴望在中东传播基督教，遏制伊斯兰教的发展，防止其挑战西方生活方式。对很多人来说，西方的——更具体来说就是美国的——政治、经济、军事和文化霸权威胁着伊斯兰世界的自主权，也威胁着伊斯兰教的认同。

---

① 工科女大学生与哈蒂雅·穆巴拉克（Hadia Mubarak）的访谈，约旦安曼，约旦大学，2006 年 3 月 6 日。

② 2006 年 10 月到 2007 年 2 月，在马里兰大学 START 大学联盟协定的支持下，世界舆论网站在埃及、摩洛哥、巴基斯坦和印度尼西亚进行了调查，这些发现来自于此次调查。2007 年 9 月 16 日摘自 http://www.worldpublicopinion.org/pipa/articles/home-page/346. php? nid = &id = &pnt = 346&1b = hmpg1。

2009年7月3日，由巴勒斯坦人、以色列人和外国人组成的示威人群针对以色列在约旦河西岸靠近拉马拉的村庄碧琳 (Bilin) 修建隔离墙一事举行抗议示威。

资料来源：http://bbs.2muslim.com/viewthread.php?tid=102324&extra=page%3D5

> 政治激进派和温和派中都有几乎一半的人把"生产享乐的电影和音乐"与西方联系在一起。

许多人看到了服装、互联网和西方媒体中通俗文化的诱惑性。盖洛普全球民意调查发现，政治激进派和温和派中都有几乎一半的人把"生产享乐的电影和音乐"与西方联系在一起。有些人为此所吸引，但是其他许多人（和许多保守的基督教徒一样）对此持排斥态度，认为西方社会的极端自由主义是对伊斯兰价值观的侵犯。他们担忧西方音乐、电影和电视节目的强大吸引力，尤其是对年青一代的吸引。与这一担忧相伴的是一直普遍存在的感受，即一个与穆斯林的世界观迥异、世俗强大的西方正在淹没穆斯林世界。

当盖洛普的调查者在一个自由回答的问题中问到："请用自己的话语来表述，你最憎恶西方的是什么"时，所有国家中不论是温和派和还是激进派，最多的答案是"性和文化方面的混乱"，其次是"伦理和道德的败坏"和"对穆斯林的仇恨"。

憎恶的另外一个原因在于西方媒体对穆斯林的描述方式。对 900 部出现阿拉伯人角色的电影进行的调查发现，绝大多数电影都对阿拉伯人进行了彻底的种族主义的丑化。①在西方的大众媒体中，几乎不存在正常的穆斯林和穆斯林文化，几乎都是曲解。而且，在穆斯林世界最为流行的西方电视节目和电影，鼓励人们对西方的时尚、个性和价值观进行肤浅的模仿。

值得注意的是，相比于温和派，更多的政治激进派认为西方文化的轰炸、西方的不道德、精神腐化是最令人憎恶的首要原因。不过意味深长的是，没有受访者——哪怕是很小比例的受访者说，西方要改善与穆斯林世界的关系，就应当"停止不道德和腐化"。不道德和腐化并不是

---

① 沙希恩（Shaheen, J.），2001 年，《摄制坏阿拉伯人：好莱坞如何贬低一个民族》（*Reel bad Arabs: how Hollywood vilifies a people*）。New York: Oliver Branch Press.

穆斯林愤怒的核心所在。穆斯林并不要求西方人改变自己以改善两者的关系，他们想要的只是西方人尊重伊斯兰教和穆斯林，并在外交政策的某些方面进行切实的改变。一位 16 岁的约旦中学生在回答美国大学举行的一项民意调查的问题时写道：

> 我相信，如果西方不沉溺在自己的幻想之中，而是实实在在地正视世界的这一部分，他们会看到我们在政治上受到怎样不公正的待遇（石油、伊拉克、巴勒斯坦、伊朗）。西方需要通过可靠的信息来源增进对世界这一部分的了解，对自己的伦理道德形成符合事实的看法，而不是认为布什所做的每件事都是对的。[①]

通晓国际政治，关注保护需要复兴和改革的文化价值观，政治上更强烈地坚信西方的政治、军事和文化主宰是严重的威胁。在对自己国家未来最主要的担心进行描述时，政治激进派常常提及的是他国介入本国内部事务、国家安全、殖民化、外来入侵、占领、操纵、强权即真理、美国霸权。相反，温和派更多提到的则是经济问题。

---

[①] 约旦高中学生与哈蒂雅·穆巴拉克所做的访谈，约旦安曼，2006 年 3 月 6 日。

> 与温和派（20%）相比，政治激进派（40%）更可能认为西方社会根本不关心是否能与穆斯林—阿拉伯世界更好的共存。

进一步说明这一巨大反差的是：政治激进派与温和派相比，更可能认为西方社会根本不关心是否能与穆斯林—阿拉伯世界更好地共存（两者的比例分别是40%和20%）。激进派也比温和派更易于认为，西方与阿拉伯—穆斯林世界之间或许永远无法达成更好的互相理解（两者的比例为37%和20%）。

更令人震惊、但与对其他问题的回答一致的是政治激进派愿意献身的程度：足有一半人都说"为自己的信仰献出生命"是"完全理所当然的"。与此相对的是，温和派中表达这一观点的比例只有18%。

穆罕默德·萨迪克汗（Mohammad Siddique Khan）是伦敦"7·7"恐怖袭击事件的四个袭击者之一，他在半岛电视台的网络上公布的一段录像中如此披露了自己的动机：

> 为了我们的信仰，我和成千上万像我一样的人已经抛弃了一切……我们将不会停止战斗，直到你们停止轰炸、停止用毒气攻击、停止监禁和折磨我们的人民。我们是在战斗，我是一个战

**士。现在你们也将品尝这种处境的滋味。**[①]

尽管温和派和激进派都忧虑偏见的存在和西方对国内事务的政治干预，但是如果对政治激进派的愤怒不予关注，他们的强烈不满和担忧使得他们会更易于同情恐怖分子。那么，如何对这些担忧予以关注呢？

## 激进分子的主要驱动力是什么？

激进主义的催化剂或首要驱动力，通常被认为与穆斯林宗教和文化认同受到的威胁密不可分，是政治被支配、土地被占领的威胁。从一些可自由回答的问题的答案中，比如"西方可以做些什么来改善与穆斯林世界的关系"，以及"在改善和你类似的本国人的生活方面，美国可以做的最重要的事情是什么"等问题的答案中，可以清楚地看出，政治与宗教互相作用。考虑到政治激进派和温和派推崇自己的内容和憎恶西方的原因，这些问题的答案倒也与此一致。

- 对于西方可以做些什么来改善与穆斯林世界的关系，两组人群给出的最常见的答案反映出了对伊斯兰教的重视：即更加尊重、体谅和理解作为宗

---

① BBC 新闻，2005 年 9 月 2 日，"伦敦炸弹袭击者录像在电视上播放"（London bomber video aired on TV），2007 年 9 月 16 日摘自 http：//news. bbc. co. uk/2/hi/uk-news/4206708. html。

教的伊斯兰；不要低估阿拉伯—穆斯林国家的地位；保持公平、减少偏见。

- 政治激进派认为应优先考虑民主，但他们也同样重视政治独立。他们的答案包括：停止介入和干预我们的内部事务，停止殖民化，停止对自然资源的控制。

　　政治上的愤怒（西方支配和干涉）所占有的突出地位，还有政治与宗教互相纠结的程度，已在许多斗争中清晰可见。

　　1990—1991 年的海湾战争促使奥萨马·本·拉登把基地组织从一个阿富汗—苏联战争中的抵抗组织，转变为全球的军事网络。本·拉登谴责非穆斯林军队驻扎在伊斯兰教的祖国沙特阿拉伯，说这是亵渎。他认为，西方特别是美国在沙特的军事存在是"占领"，会导致海湾国家更加不独立。十多年后，以美国为首的军队入侵和占领伊拉克，以色列对加沙和黎巴嫩发起进攻，这些事件都被恐怖分子利用，以招募"自由战士"，抵抗西方，保护穆斯林。

　　认为西方对政治自由和伊斯兰认同的威胁在不断增强，这一感觉很可能强化穆斯林对于"沙里亚"的渴望。求助于沙里亚这一伊斯兰社会蓝图，已是数百年来的模式。因此，不论穆斯林人群存在多少的差异和不同，对于许多人来说，沙里亚都是信仰和认同的核心。

　　希望以沙里亚作为法律渊源的温和派（83%）和政治

激进派（91％）比例相近，而想以沙里亚为法律的唯一渊源的政治激进派比例却明显更高（59％∶32％）。

这种对沙里亚的渴望令人回想起早期伊斯兰教法发展背后的原因，那就是建立法治，以此抵御哈里发或是苏丹们的权力。正如理查德·布雷特（Richard Bulliet）在《伊斯兰—基督教文明研究》一书中所提到的："唯一能约束统治者不像暴君一样作为的，就是伊斯兰教法——沙里亚。由于该法的基础是神圣的、而不是人类的准则，因此没有统治者可以改变它来为自己的利益服务。"①

今天，政治激进派对实施伊斯兰教法有着更大的兴趣。这反映了他们希冀以此来限制他们认为的独裁、"非伊斯兰"和腐败的统治者及其政权的权力。不过，这并不是对神权统治的呼唤。当被问及他们希望宗教领袖在多大程度上参与公共生活（世俗的家庭法、学校的课程设置、起草新的法律或是宪法、决定谁可以参选公职或是妇女在公共场合如何穿着，以及国家的外交政策）时，大多数的政治激进派和温和派说，他们不希望宗教领袖直接负责。不过，激进派更可能让宗教领袖担任"咨询者"的角色，这与乌里玛们担任统治者"顾问"的传统角色是一致的。

---

① 布雷特（Bulliet, R），2004 年，《伊斯兰—基督教文明研究》（*The Case for Is-lamo-Christian Civilization*），哥伦比亚大学出版社（New York∶Columbia University Press）。

> 盖洛普的数据所展示出的最重要的观点之一是，激进派所迫切关心的问题也是温和派所关心的问题。

盖洛普的数据所展示出的最重要的发现之一是，激进派迫切关心的问题也是温和派关心的问题。两组人见解的关键区别在于问题的孰先孰后、情感的强度、政治化和疏离感的程度。这说明两组人群的愿望存在重要的差异。

- 当被问及对于自己国家未来的梦想时，温和派和政治激进派中的大部分提到了改善经济状况。其次最常出现的回答是更多的安全保障和结束国内的紧张状态，有五分之一的政治激进派和温和派都提到这些。
- 不过，温和派紧接着关注的是改进教育体制，而政治激进派则更关注推进民主理想和言论自由，增强自己国家的国际地位，赢得更多的尊重，在地区和国际事务中发挥更重要的作用。

## 是不是穆斯林全都同情恐怖活动？

到目前为止，我们已经讨论了受访者中同情"9·11"袭击的人数比例，以及这些作为宽恕此行为的边缘人群与其他人有何不同。但关键问题依然存在：如果穆斯林确实不是因为宗教狂热驱使产生同情，那么为什么对恐怖活动的支持似乎更多地存在于穆斯林当中？或者确实如此？问题的答案是"不"——极端主义的观点并不为穆斯林所独占，事实上，毫不含糊地对袭击平民进行谴责的穆斯林，其平均比例可能超过美国公众。

> 　　近来的一项研究显示，只有46％的美国人认为"有意针对平民的炸弹和其他袭击""无论如何是不正当的"，而24％的美国人认为这些袭击"常常或有时是有理由的。"

　　近来的一项研究显示，只有46％的美国人认为"有意针对平民的炸弹和其他袭击""无论如何是不正当的"，而24％的美国人认为这些袭击"常常或有时是有理由的"。①

　　把这一数据与同年从几个最大的以穆斯林人口为主体的国家得到的数据对比一下：印度尼西亚有74％的人认为

---

①　"世界舆论"网站的民意调查。大多数问题都是10月6—11日间、在全国范围内对1004位美国人构成的样本进行的调查中问及的（由于问题是向全部样本或是其中三分之二提出，误差幅度在±3.2％—3.8％）。另外一项调查是11与21—29日间、针对全国范围内1326位美国人构成的样本（由于问题是向全部样本或是二次抽样的样本提出，误差幅度在±2.7％—3.9％）。两次调查都是由"知识网络"（Knowledge Networks）完成的，它运用全国性抽样调查，在全国成年人口中随机选择，随后提供网络接入。2007年9月18日摘自http://www.worldpublicopinion.org/pipa/pdf/Jan07/Iran-Jan07-rpt.pdf。

恐怖袭击"无论如何是不正当的";而这一比例在巴基斯坦是86%,在孟加拉国是81%①,在伊朗则是80%。

与此相似的是,6%的美国公众认为以平民为目标的恐怖袭击"是完全正当的"。而与此相比照的是,在黎巴嫩和伊朗这一比例都是2%,在沙特为4%。在欧洲,巴黎和伦敦的穆斯林并不比本国的一般民众更相信针对平民的袭击是正当的,他们和其他人一样拒绝暴力,即使这暴力是为了一个"高贵的理由。"

也许还有不少人要追问:如果穆斯林果真拒绝暴力,为何穆斯林世界依然暴力泛滥?这些结果所显示的是,恐怖活动如同任何其他暴力犯罪一样,是一种"外团体"(out group)的行动。正如美国各个城市暴力犯罪事件的持续发生并不意味这是美国人所默许的一样,持续的恐怖暴力并不是穆斯林宽容暴力的证据。大量的统计数据说明了这一点。

## 是诊断还是误诊?

尽管一些圈子里的人喜欢把恐怖主义作为一种症状,把伊斯兰教诊断为一个问题,但这种诊断是有缺陷的,而且要冒产生危险反应的严重风险。这种做法确证了激进派

---

① 巴伦(Ballen, K.),2007年2月23日,"穆斯林支持恐怖的秘密"(The myth of Muslim support for terror),《基督教科学箴言报》,2007年9月18日摘自 ht-tp://www.csmonitor.com/2007/0223/p09s01-coop.html。

的信念和担心，疏远了温和的穆斯林大多数，强化了全球反恐战争实际上就是反对伊斯兰的战争这一观点。这种负面的态度在激进派和温和派当中都是非常普遍的感觉。

在《国际先驱论坛》的一篇专栏文章中，法瓦兹·戈尔戈斯（Fawaz Gerges）叙述了他在埃及与一位伊斯兰领袖巴拉卡特（Abed al-Rahim Barakat）的谈话。对于穆斯林中蔓延的美国对阿富汗和伊拉克开战是针对伊斯兰教这一看法，巴拉卡特是赞同的。他告诉戈尔戈斯，"在描述反恐战争时，布什总统本人就使用了'十字军东征'这个词"。当戈尔戈斯回应说"这是口误"时，巴拉卡特坚持说："不，这是无意识说出的心里话。他说出了自己内心深处的感受。"①

和穆斯林世界的绝大多数人一样，美国人从根本上反感极端主义。当被问及他们最不喜欢穆斯林世界的什么时，多数美国人回答是"极端主义/激进主义/不听取他人的观点"。相似的是，在问及最不喜欢自己所在社会的什么时，穆斯林最为关切的也包括极端主义和恐怖主义。如果我们回想到穆斯林极端主义和恐怖主义首当其冲的受害人一直是穆斯林时，我们就不会对这一回答感到惊异。"恐怖极端分子"并没有受到称颂，而是为穆斯林占多数的国家的民众们所拒斥，恰如美国的民众所做的一样。

---

① 戈尔戈斯，2006 年 10 月 13 日，"平息穆斯林的愤怒"，《国际先驱论坛》，2007 年 9 月 16 日摘自 http://www.iht.com/article/2006/10/13/opinion/edgerges.php。

> 今天，全球共有穆斯林 13 亿。如果其中 7%
> （9100 万）的政治激进派仍然感受到政治上受人
> 支配、被人主宰、不受尊重，那么西方几乎没有
> 改变他们念头的机会。

　　对那些对共存持乐观态度的人来说，穆斯林与美国人
之间的这种一致、外加 10 个穆斯林中有 9 个温和派，确实
是个好消息。而坏消息是在穆斯林和西方人之间存在巨大
的认知鸿沟，还有就是存在不少政治激进派，他们可能受

**2009 年 6 月 21 日，耶路撒冷，近百人参加"手拉手拥抱耶路撒冷"的活动。**
资料来源：http://bbs.2muslim.com/viewthread.php?tid=102324&extra=page%3D5
&page=6

到鼓动，去支持或是实施针对平民的暴力活动。

这种认知的鸿沟到底有多大？许多穆斯林——不论是政治激进派还是温和派——说，他们赞赏西方的科技、言论自由，以及勤奋工作的价值体系。与此同时，如前所述，当美国人被问及他们对穆斯林了解多少时，主要的回答有两个："一无所知"和"我不知道"。

今天，全球共有穆斯林13亿。如果其中7%（9100万）的政治激进派仍然感到政治上受人支配、被人主宰、不受尊重，那么西方几乎没有改变他们念头的机会。

---

**要点：**

* 在穆斯林占多数的国家中，绝大多数受访者谴责2001年的"9·11"事件。
* 宽容恐怖袭击，认为美国令人不快的少数人（7%），并不比其他普通人更虔诚。
* 政治激进派与他人的区别在于他们对西方政治而不是对西方文化的认识。

# 第四章  妇女们想要什么？

**瓦法·苏尔坦博士：** 这是那些把妇女当做动物，和把
    妇女当做人类的人之间的冲突。

**半岛电视台的主持人又问道：** 从你的谈话里，我理解
    今天所发生的是一场西方文化与穆斯林的落
    后无知之间的冲突？

**瓦法·苏尔坦博士：** 是的，这正是我的意思。①

瓦法·苏尔坦（Wafa Sultan）博士是一位阿拉伯裔美
国精神病学专家，虽然极少有人能比她更为大胆，但是却
有不少美国人可能和她持有相同的观点。根据美国—伊斯

---

① 瓦法·苏尔坦（Wafa Sultan），2006 年 2 月 21 日，阿拉伯裔美国精神病学
专家瓦法·苏尔坦："没有文明的冲突，只有中世纪和 21 世纪思想的冲突"（there is
no clash of civilization but a clash between the mentality of the middle ages and that of the 21st
century），半岛电视台电视访谈，文本 2008 年 9 月 18 日摘自 http：//www. memritv. org/
clip-transcript/en/1050. html。

兰关系委员会（Council on American-Islamic Relations）近期发起的一项研究，美国人感觉对伊斯兰最"难以理解"的一些方面就包括"对妇女的压制"。在盖洛普对美国家庭所作的民意测验中也揭示出相似的问题，在对"你最不喜欢穆斯林或是伊斯兰世界的什么"这一问题的自由回答中，美国妇女给出最多的答案是"性别不平等"。

巴基斯坦的"为荣誉杀人"（honor killings）[①]和索马里损毁女性生殖器官的新闻报道，与苏尔坦的声明结合在一起，强化了人们认为穆斯林社会、扩展开来就是伊斯兰教压制妇女的感觉。因此许多人紧接着会认为，穆斯林妇女必定想从她们的信仰中解放出来，并不再受到沙里亚、神圣律法的压迫。

穆斯林妇女受到压迫这一认知广为流传，这也成为人们支持入侵伊拉克和阿富汗的论据之一。安全和自由——即摆脱恐怖组织及其支持者、传播民主和自由——与妇女权利一样，是解放必不可少的核心目标。正如第一夫人劳拉·布什在2001年11月的一次广播讲演中所提到的："反对恐怖主义的战争也是争取妇女权利与尊严的斗争。"[②]

在这些谈话中，似乎很少听到穆斯林妇女自己的声音。穆斯林世界的大多数妇女如何认识伊斯兰教、如何认

---

① "为荣誉杀人"是一项古老的习俗，现在有时还可以见到，指家庭的一个男性成员为了荣誉杀死让家族形象蒙羞的女性亲属。

② 第一夫人办公室（2001年11月17日），布什夫人的广播讲话，2007年9月18日摘自 http：//www. whitehouse. gov/news/releases/2001/11/20011117. html。

识妇女在穆斯林社会中的地位呢？她们是否感觉需要被解放？如果需要解放，那么从何处解放，又解放到何处？歧视妇女的观点是否与宗教虔诚相关？对她们来说，性别是否是一个像在西方那样重要的话题？如果伊斯兰教在日常生活和社会中发挥作用，那么妇女希望它发挥什么作用？最重要的也许是，那些关注穆斯林妇女权利的人提供帮助的最佳方式是什么？

## 穆斯林妇女是否想要权利？

在西方，穆斯林妇女通常被描述为压迫性社会秩序的牺牲品，这一压迫如此严重，以至于穆斯林社会中的妇女们甚至没有意识到自己应该享有权利。1906 年，一些女传教士在开罗召开了一次关于穆斯林妇女的会议，并出版了一本会议文献汇编，名为《我们的穆斯林姐妹：来自黑暗之地的呐喊及听者的解释》①。其导言中写道："她们将永不会为自己呐喊，因为她们处于数百年压迫的枷锁之下。"

人们依然可以听到这种观点的回音。好莱坞电影《婴儿潮》（*Baby Boom*）描写的是一位精力充沛的职业女性变成单身母亲的故事，其中有一幕是她在面试为孩子请来的保

---

① 凡·索默（Van Sommer，A.）与兹维默（Zwemer，S.），1907 年，《我们的穆斯林姐妹：来自黑暗之地的呐喊及听者的解释》（*Our Moslem Sisters: a cry of need from Lands of darkness interpreted by those who heard it*），纽约，青年传教运动（The Young People's Missionary Movement）。

姆。其中一个面试者是一位带着长长的黑面纱的妇女，她用浓重的阿拉伯口音说道："我会教你的女儿完全尊重男性。有人对我说话我才说话。我不需要床，我宁愿睡在地板上。"这一形象又被西方新闻界所强化，他们把穆斯林妇女描述为沉默的、顺从的、被贬抑在家庭之内的形象，积极主动的角色都为男人所垄断。对美国新闻中出现的所有关于穆斯林的照片进行的调查发现，其中四分之三（73%）的妇女表现为被动的角色，而只有六分之一（13%）的男性是被动的。在关于中东的照片中，妇女（42%）被描述为牺牲品的几率是男性（7%）的6倍[1]。

　　与沉默的顺从这一广为流传的形象形成鲜明对比的是，盖洛普在穆斯林人口占多数或是有一定数量穆斯林的国家对妇女的调查结果发现，妇女并没有被规约去接受二等公民的地位。实质上，我们所调查的每个国家的大多数妇女都认为妇女应该享有和男性同样的法律权利，在选举时不受家庭成员的影响，承担任何她们称职的工作，甚至是在政府高层服务。例如在沙特阿拉伯，到本书写作之时妇女还不被允许投票选举和驾驶汽车。但是，大多数妇女认为妇女应当有能力独立驾驶汽车（61%）、不受影响地投票选举（69%）、在任何她们胜任的岗位工作（76%）。与沙特的妇女相比，埃及妇女一直面临较少的限制，在赞

---

　　① 卡马利波（Kamalipour, Y.），1995年，《美国媒体与中东：形象与感知》（*The U. S. Media and the Middle East: image and perception*），Westport, Connecticut: Praeger Publishers.

成妇女权利方面，她们的声音更为响亮。88%的埃及妇女说应当允许妇女承担胜任的工作。和在穆斯林世界的其他部分一样，埃及的这种态度并不仅仅停留在理论上，埃及有三分之一的职业人士和技术工人是女性，与土耳其和韩国的比例一样。[①]

**马来西亚妇女参加国家议会选举投票**

资料来源：中穆网图库

如果你想对这些数据有些具体的认识，让我们看看像

---

① 《联合国发展计划》，2006年，《阿拉伯人口发展报告2005：朝向阿拉伯世界妇女的崛起》（*Arab human development report* 2005：*towards the rise of women in the Arab world*），纽约：联合国发展计划。

索阿德·萨勒赫（Souad Saleh）这样的妇女吧。萨勒赫是一位非常自信、直言不讳的妇女，其专业领域是教法学。她是伊斯兰教逊尼派最负盛名的学术和权威机构、艾资哈尔大学的伊斯兰教法学家和教授。她不仅是这一机构中担任系主任的第一位女性，而且是一位多产的作家，所关注的主题从家庭法到妇女权利。她写了七本以上关于伊斯兰教的著作，和至少四本深度研究的作品。她常常出现在泛阿拉伯的电视节目当中，直率敢言，宣讲伊斯兰教。她所传递的信息非常清晰："伊斯兰教是朴素的，它高度尊重妇女。"①

> "现在这在埃及根本毋庸提及，大学里到处是女性，有时比男性还多，她们非常优秀"。

公然对传统见解提出挑战的，不仅仅有有名的宣教师们，也有一些和萨尔瓦·黎法特（Salwa Riffat）一样的妇女。黎法特是一位五十多岁的埃及妇女，她在开罗大学获得了航空工程的本科学位，又获得了土木工程学的博士学位。与此同时，她成功地在照顾家庭和履行工作职责之间

---

① 索阿德·萨勒赫（Souad Saleh），2005 年 10 月 27 日—11 月 2 日，索阿德·萨勒赫："是撕破分界的时候了"（Time to tear down divides），加玛尔·尼库玛赫（Gamal Nkrumah）所作的访谈，《金字塔周刊》（*Al-Ahram Weekly*），2007 年 9 月 18 日摘自 http：//weekly. ahram. org. eg/2005/766/profile. html。

找到了平衡。目前她是一位工程学教授，教授的学生里既有男又有女。"我们这一代妇女处在埃及新时代的前沿"，谈及 20 世纪 50—60 年代妇女上大学的浪潮迭起之时，她如此说道。她说："现在这在埃及根本毋庸提及，大学里到处是女性，有时比男性还多，她们非常优秀。"众所周知，作为开罗大学精英的医学院，每年致毕业告别词的几乎总是女生。

这些例子并不是独一无二的。各国自己报告的代表性数据显示了受过中学以上教育的女性人口比例，伊朗是52%，埃及是 34%，沙特是 32%，黎巴嫩是 37%。在阿拉伯联合酋长国和伊朗，大学里的多数学生是女性。不过与在非穆斯林国家一样，盖洛普调查发现，穆斯林国家接受中学以上教育的女性比例则显著下降，在摩洛哥是 8%，巴基斯坦是 13%。与此相比，巴西的这一比例是 4%，捷克是 11%。

作为一项研究计划的一部分，美国青年海登（Jonathan Hayden）曾在马来西亚到印度尼西亚一带旅行，与一些穆斯林女大学生会面。这些人让他的一些想当然的陈见受到了挑战：

> 在吉隆坡一所大学里，一个学期结束后，一些女大学生开始接近我。在与大约 100 名学生和教师会面之后，我留了下来，以便获得更多的问卷。我被一群年轻姑娘逼到角落里，她们想

知道关于美国的一切，想知道为什么我们总是以这种方式来接近她们，想知道我们的研究到底是要干什么。她们告诉我她们自己的情况，并想向我解释伊斯兰教。她们有一点点进攻性，想要了解美国人如何看待她们，以及一些外交决策背后的原因。不过，她们彬彬有礼，最后我们在一起拍了照片。后来我一直在想，这可和平时西方世界呈现给我们的穆斯林女性有所不同。她们聪慧、求知欲强，言辞得体。她们不是那种被迫终其一生侍奉丈夫的顺从女性。她们在接受大学教育，将来可以追求任何她们意欲的梦想。①

根据联合国教科文组织 2005 年的《性别与发展报告》，在约旦、阿尔及利亚、黎巴嫩、科威特、利比亚、阿联酋、印度尼西亚、马来西亚和孟加拉国，2001—2002年，中学里女生和男生的注册比率是 100% 甚至更高。土耳其是个坚定的世俗主义国家，西方常认为它在性别平等方面要领先于邻国，但是它的女生和男生入学比例只有73%，印度是 74%。这些国家里的性别差距要比沙特更大。根据联合国的报告，沙特的中学女生和男生注册比率号称是 89%。

---

① 海登，个人书面综述。

**法国穆斯林女性抗议政府禁止带盖头的政策**
资料来源：伊斯兰之光

除了这些让人充满希望的统计数据，一些国家的妇女基础教育依然落后。比如在也门，妇女的识字率只有28％，而男性是70％；在巴基斯坦，女性识字率是28％，男性是53％。不过，这些令人遗憾的发现并不是伊斯兰国家所独有，它们也不能代表整个穆斯林世界；伊朗和沙特妇女的识字率是70％，约旦和马来西亚则高达85％。

## 穆斯林妇女是否想被西方解放？

20世纪90年代塔利班在阿富汗崛起。这个国家贫瘠且饱受战乱之苦，全世界的注意力都集中到了在教育和就业方面受到严厉限制的阿富汗妇女的处境上。展现在世人眼前的，是那些身着天蓝色布尔卡（burqas）① 的妇女们寂静的画面，还有塔利班宗教警察因为所谓的行为不当在街道上鞭打一个妇女的片段。请愿、评论文章还有谈话节目都关注如何把阿富汗妇女从该国男人野蛮的狂热主义中拯救出来。阿富汗妇女的处境成为穆斯林妇女处境的普遍象征。解放这些妇女的呼声，在美国领导的阿富汗战争期间尤其被宣扬，成为用西方价值观解放全球穆斯林妇女的普遍呼声。

**"穆斯林姐妹"组织反对多妻制的研讨会**
资料来源：伊斯兰之光

---

①　一种从头遮盖到脚的宽松长袍式服装，通常只露出眼睛，或者用格栅式布条遮盖眼部。——译者注

一些妇女把这当成自己个人的事业。在这些直言不讳的评论者当中，就有我们本章开头引用到的瓦法·苏尔坦，还有索马里出生的荷兰前议员赫西·阿里（Ayaan Hirsi Ali）。赫西·阿里是畅销书《异教徒》（*Infidel*）的作者，她在《泰晤士报》的一篇评论中写道："只有脱离了认为从属才是正当的宗教信仰准则，接受现在所处文化的自由准则，生活在西方的穆斯林妇女才能真正获益。"[1] 赫西·阿里的观点与19世纪英国殖民主义的论调、比如克罗默勋爵（Lord Cromer）的言辞相一致。克罗默勋爵在1883—1907年间担任埃及总领事，他有一个著名的论断，那就是"随着西方文化的引进"，埃及人应当"获得思想和人格的提升"，而伊斯兰教对妇女的贬抑以及坚持让妇女遮盖自己、与世隔离成为"致命的障碍"。他宣称应当通过"说服和强迫"，让埃及人放弃面纱、变得"文明"。

　　在像阿尔及利亚这些地方，早期殖民者中的女性也持上述态度。阿尔及利亚出生的女性主义学者玛尼亚·拉兹瑞格（Marnia Lazreg）在她的著作《沉默的雄辩》（*Eloquence of Silence*）中如此分析对待妇女的这种态度，她写道：

　　　和阿尔及利亚妇女干的其他事情——从养育孩子、烹饪到照料家庭——一样，面纱让殖民地

<hr>

　　① 赫西·阿里（Hirsi Ali, A），2005年10月29日，"穆斯林妇女是变革的关键"（Muslim women are the key to change），《泰晤士报》，2007年9月18日摘自http：//www. timesonline. co. uk/tol/news/articles616428. ece。

*妇女很不舒服。对一个殖民地妇女来说，面纱是拒绝阿尔及利亚妇女文化和贬低她的最佳借口。但是，这也时常提醒着殖民地妇女无力消除作为妇女存在的另外一种方式。她常常将这种心理障碍变成优势以克服之。她比那些带着面纱的妇女要优越……①*

妇女在伊斯兰教中地位低下的认识依然被用来证明西方的文化干预、有时是政治干预是正当的。英国议员、新闻记者鲍里斯·约翰逊（Boris Johnson）2001 年时说的话就反映了这一倾向。他说："是共同致力于文化帝国主义的时候了。他们对待妇女的做法是错的。我们是对的。"②

> 虽然对西方相当赞赏，大多数穆斯林女性并不渴望变得更像西方妇女那样。她们赞同性别平等，但是她们或许希望以自己的方式、在自己的文化背景之中得到它。

---

① 玛尼亚·拉兹瑞格（Marnia Lazreg），1994 年，《沉默的雄辩：问题中的阿尔及利亚妇女》（*The eloquence of silence: Algerian women in question*），伦敦：Routledge，第 136 页。

② 鲍里斯·约翰逊（Johnson, B.），2001 年 9 月 27 日，"伊斯兰恐怖主义者真正害怕的是妇女"，《每日电讯报》（*The Daily Telegraph*），2007 年 9 月 18 日摘自 http://www. telegraph. co. uk/opinion/main. jhtml? xml ＝/opinion/2001/09/27/do02. xml。

但是穆斯林妇女的大多数怎么想？在盖洛普调查数据中，与穆斯林妇女对待西方的态度有关的数据相当复杂。虽然对西方相当赞赏，但是大多数穆斯林女性并不渴望变得更像西方妇女那样。她们赞同性别平等，但是她们或许希望以自己的方式、在自己的文化背景之中得到它。

　　让我们考虑一下如下的发现：相当多的男性和妇女把"两性享有平等的法律权利"与西方国家联系在一起，男性和女性都认为政治自由、言论自由和性别平等是西方最令人欣赏的一些方面。如前所述，妇女们告诉我们，她们认为自己应当拥有平等的法律权利。由于穆斯林妇女渴望法律平等、欣赏西方的性别平等，因此我们期望会有很高比例的受访者认为阿拉伯和穆斯林国家"采用西方价值观会有助于进步"。但是，情况却恰好与之相反。比如，只有12%的印度尼西亚妇女和20%的伊朗妇女把"采用西方价值观会有助于进步"与阿拉伯和穆斯林国家联系在一起，而通常被认为最赞赏西方化的土耳其，持这种态度的妇女只有18%。

　　因此，受访者虽然表达了对西方妇女法律地位的积极认识，并认为情况理应如此，但几乎无人把"采用西方价值会推动进步"与穆斯林国家联系起来。这种意外的关系让我们的研究者感到疑惑：为什么没有更多的穆斯林妇女渴望西方化？

　　从一位受过中学教育的22岁摩洛哥农村妇女身上，我们找到了这一谜题的线索。在问及她最欣赏西方的什么之后，我们又询问她最厌恶什么。她回答说"我厌恶……男性对妇女的不尊重"。男性、甚至比男性比例更高的妇女都说他们厌恶西方所谓的乱交、色情和不文雅的装束。追根溯源，这些认识多来自于每天输入穆斯林国家的好莱坞影像。年轻妇女衣不蔽体的形象非但没有激起穆斯林妇女模仿的热情，反倒让她们相信，尽管西方妇女拥有平等的法律地位，但是她们缺乏文化上的地位。

让这些结论更加震撼的是，穆斯林一度确实相信西方化是实现两性平等的必由之路。例如被冠以"阿拉伯女性主义之父"的卡西姆·艾敏（Qasim Amin）就曾在1899年写作的《妇女的解放》① 一书中，对"身处东方的穆斯林的落后"与欧洲文明的优越和及其生产力进行了对比。而后，他又提出妇女的解放是社会变革的催化剂。艾敏认为，要让穆斯林社会抛弃自己落后的方式、追随西方成功和文明的道路，妇女的改变是必不可少的。披戴面纱就是艾敏竭力要消除的、最显而易见的落后的身份标志。

尽管对自己的社会有诸多不满，但是阿拉伯知识分

---

① 艾敏（Amin, Q.），"*Tahrir al-mar'a.*" *Al-Amal al-kamila li Qasim Amin*，两卷本，穆罕默德·阿玛拉（Muhammad 'Amara）编：（贝鲁特：Al'mu'assasa al-'arabiya lil-dirasat wa'l nashr, 1976年），第69—72页。又见雷拉·艾哈迈德（Leila Ahmed），《伊斯兰教中的妇女与性别》（*Women and Gender in Islam*），第155页。也见丽拉·阿布-卢格豪德（Lila Abu-Lughod），"女性主义与伊斯兰主义在埃及的结合：作为后殖民政治动力的选择性拒绝"（The marriage of Feminism and Islamism in Egypt: Selective Repudiation as a Dynamic of Postcolonial Politics），载阿布-卢格豪德编《重塑妇女：中东的女性主义与现代性》（*Remaking Women: Feminism and Modernity in the Middle East*），第256页，普林斯顿大学出版社（Princeton, NJ: Princeton University Press），1998年。

子、传教士、善意的欧洲女性主义者还有英国政府官员们，对于穆斯林妇女需要什么却有着非常一致的观点：即把她们从落后的方式下解放出来，走上欧洲的启蒙之路，抛掉面纱就是至关重要的第一步。

让穆斯林妇女西化的运动最初似乎发挥了作用；到20世纪60年代，只有农村或是城市下层妇女才戴面纱。赶时髦的妇女们想要进步，她们不遮盖自己，认为那些戴面纱的妇女守旧，甚至认为她们落后。[①] 比如，一位21岁的土耳其女性在评论自己所处社会的变化时写道：

> 我的父母不是在伊斯兰教的环境中长大的……我们不关心伊斯兰教的方式。不过在我父母那个年代，有很多人戴着头巾，穿着卡尔萨夫（carsaf，妇女穿的长袍）和萨里克（sarik，男性佩戴的缠头），我知道当人们遇见这种人时，常常会认为他们比较低下。[②]

近来有报道说越来越多的电影明星戴上了头巾，而这些人一向被视为西方生活方式的文化主顾。如果对前述历

---

① 布洛克（Bullock, K.）2004年2—3月，"盖头与当代穆斯林妇女"（Hijab and contemporary Muslim women），《国际通讯》（*The Message International*），2007年9月18日摘自 http: //www. messageonline. org/2004febmar/cover1-opt. pdf。

② 美国大学未公开发表的调查，"全球化时代的伊斯兰"（Islamic in the Age of Globalization）研究项目。

史背景有所考虑，这很可能就是为什么许多人会对此感到震惊。与在西方一样，一些主要穆斯林国家受过教育的上层妇女当中都已经出现了同样的趋势。

这些发现的意义在于：它们表明对艾敏及其对手们所倡导的观念，妇女们作了有趣的"采纳"——当西方人依然时常把面纱当做穆斯林世界中妇女地位低下的象征时，穆斯林则认为西方妇女缺乏端庄，表明她们在西方文化中地位低下。这两种情况中的假设都是一样的，即妇女遮盖或不遮盖自己都是为了取悦或顺从男人。比如，盖洛普在马来西亚所访谈的一位妇女说她为西方妇女感到遗憾，因为她们不够自爱，而且认为她们必须屈服于男人的性欲望。

> 当西方人依然时常把面纱当做穆斯林世界中妇女地位低下的象征时，穆斯林则认为西方妇女缺乏端庄，这表明她们在西方文化中地位低下。

在中东和亚洲的其他一些调查也显示出，埃及、约旦、巴基斯坦的绝大多数穆斯林不相信西方社会尊重妇女。[1] 数据完全不支持西方一直流行的那种认识，即穆斯林妇女迫不及待地要从自己的文化中解放出来，去采纳西

---

① 皮尤全球态度研究项目（Pew Global Attitude Project），2006年，"大分界：西方人和穆斯林如何看待对方"，2007年9月18日摘自http：//pewglobal.org/reports/display.php？ReportID＝253。

方的方式。

那么，穆斯林妇女是亲西方还是反西方？问题的答案要比问题本身复杂。穆斯林妇女是很欣赏西方，但是她们并不钟情于整体移植西方文化。许多受访者对自己社会两方面的认识反映出了立场的微妙："渴望与西方世界有更好的关系"，同时"忠于自己的精神和道德价值对进步至关重要"。

美国大学生弗兰克·马丁（Frankie Martin）在约旦、巴基斯坦和印度旅行时，就听到了这一双重的信息。作为自己研究项目的一部分，他在约旦大学观摩了一堂沙里亚课：

> 男生比较安静，他们问了一些问题，但都是用比较克制的语调。问那些难对付的问题的，都是穿着形式不一的长袍的女生。这再次与我的预期相反。女生们问了我很多问题，从美国在伊拉克和阿富汗的战争到对以色列的支持，从丹麦漫画事件的论争到美国对伊斯兰教的认知。她们用一种我从未经历过的强烈的感情提出自己的问题。为了回应她们的问题，我告诉这些年轻的姑娘们，我和她们一样，不过是一名大学生，我来她们的国家就是为了倾听，让她们尽管说。我看到深深的挫折感浮出了水面。对许多人来说，我是她们有机会与之讨论的第一个美国人，她们想让我感受她们正在经历着什么。她们没有一丝粗鲁，只是有些过分自信，男生们都靠边站的时候，女生们的问题甚至近似于恶作

剧并咄咄逼人："如果你这么喜欢伊斯兰教，那你为什么不皈依"，或者是反映了一种严肃的关切，比如，"为什么在美国所有的穆斯林都被视作恐怖分子？"

女生们并不是坐在那里听，她们参与，对我的看法进行回应。当我对她们说，我相信伊斯兰教是和平的宗教，其核心是同情与宽容时，一个女大学生打断了我。考虑到我把她的宗教描述的过于"柔软"，她用某种警告的语调告诉我，"伊斯兰教是和平的，但是它也是骄傲的、坚强的和公正的"。这些女孩对受到贬低深恶痛绝，她们根本不像西方人想象的那样是压迫性的伊斯兰社会中的妇女，她们更像处在感知到的西方侵略和误解之下的穆斯林。

除过她们对美国政府的愤怒与憎恨，她们向我强调，她们希望接触美国，但是也希望美国人接触她们、理解她们正在经历的。她们寻求推动伊斯兰教与西方之间更广泛的对话和理解。尽管她们似乎鄙视美国的对外政策，但是她们竭力解释说，她们不会因为这件事与我、或是与任何其他美国人产生问题。①

---

① 弗兰克·马丁（Frankie Martin）的书面综述，经本人许可复制。

# 穆斯林妇女对伊斯兰教及其
# 神圣律法是何感受？

> 伊拉克管理委员……去年十月下令说应该"取消"家庭法，这类事务应置于被称做沙里亚的严格的伊斯兰法律准则之下。
>
> 本周，愤怒的伊拉克妇女——从法官到内阁成员——走上街头抗议，并在各个会议中谴责这一决定。
>
> 《华盛顿邮报》2004 年 1 月 5 日

> 来自伊拉克的民意调查数据说明，对穆斯林妇女的感受所作的奇闻逸事性的夸张描述，与具有代表性的调查数据所反映的实际感受之间相距甚远。

在伊拉克管理委员会投票①之后所收集的民意调查数据说明，对穆斯林妇女的感受所作的奇闻逸事性的夸张描述，与具有代表性的调查数据所反映的实际感受之间相距甚远。在《华盛顿邮报》看似权威的文章里，没有提及哪

---

① 盖洛普的调查是在 2004 年 3 月 22 日到 2004 年 4 月 9 日之间进行的。

怕一个支持在伊拉克宪法中把家庭法置于沙里亚之下的妇女的观点。然而,调查发现有55%的伊拉克妇女反对宗教与政治权力相分离,还有81%的妇女认为宗教权威应该在家庭法的起草中发挥直接的作用。

那些相对受过较好教育、了解自己应得权利的穆斯林妇女是否对伊斯兰教怀有敌意呢?我们的数据并不能表明这一点。在我们关于穆斯林世界的研究中,受访者最常发表意见的主题就是信仰在他们的个人生活和社会中的重要性。实际上,在盖洛普调查的所有最主要的、或典型的穆斯林国家里,绝大多数人都说"宗教是生活中重要的一部分"。而且如前所述,平均来说,最常与穆斯林社会联系在一起的方面就是"忠于自己的精神和道德价值对进步至关重要"。到目前为止,在问到最欣赏自己社会的哪一点这一自由回答问题时,最常见的答案是:"对宗教信仰忠实/真诚/忠诚,坚持或尊重伊斯兰教教义。"

在这些答案中没有系统性的性别差异。与男性受访者一样,绝大多数女性说信仰对其个人非常重要,它是自己所处社会最伟大的财富。在一些国家,比如埃及、摩洛哥和约旦,持这一观点的女性比例明显高于男性:即认为人们的信仰是穆斯林世界最令人欣赏的方面。

《虔诚的政治:伊斯兰复兴与女性主义的主题》一书中谈论到了萨米拉(Hajja Samira)。她在位于开罗郊区一个中产阶级社区的清真寺里主持宗教学习小组。萨米拉代表了一个正在成长的妇女运动,即以自己的工作来复兴她们认为自己社会最伟大的财富：伊斯兰教。她说："我们的视阈、服装、所饮、所食都应是为了真主，以及对真主的爱。有些人会告诉你这种生活方式是不文明的：别听他们的，因为你知道对我们穆斯林来说真正的文明就是接近真主。"①

法伊扎（Hajja Faiza）也是这一非官方运动的领导者之一。她解释自己如何工作，把伊斯兰教带回到她所处社会的日常生活中，即把它从单纯的仪式转变为人们彼此互动的一种活生生的现实：

> 当前我们作为穆斯林所面临的挑战，就是如何理解先知的榜样并追随这一榜样，如何在日常生活中根据《古兰经》和哈迪斯（圣训）来行事。我们都知道宗教的基本要素，比如礼拜、斋戒，还有崇拜等其他活动。但是作为穆斯林，我们今天所面对的难题是如何在随着世界一起前进的同时，让日常生活与我们的宗教相一致。②

不把伊斯兰教仅仅视为一种个人的仪式。这并不是法伊扎一个人的愿望。几乎在所有穆斯林人口占多数的国家的调查中，大多数妇女都说沙里亚至少应是法律渊源之一。而

---

① 马赫默德（Mahmood, S.），《虔诚的政治：伊斯兰复兴与女性主义的主题》（*Politics of piety: the Islamic revival and the feminism subject*），第 44—45 页，普林斯顿大学出版社（Princeton, NJ: Princeton University Press）。

② 同上。

且，大部分妇女都说宗教在他们的个人生活中发挥着重要作用。与此同时，大多数人都坚持自己有投票的权利、工作的权利、在政府高层服务的权利。穆斯林妇女并不认为伊斯兰教是她们进步的障碍；实际上，很多人视其为进步的关键因素。

> 　　不是拒绝沙里亚、而是利用沙里亚来致力于妇女的进步，是当代穆斯林社会重新出现的一个主题。

　　不是拒绝沙里亚、而是利用沙里亚来致力于妇女的进步，这是当代穆斯林社会重新出现的一个主题。比如，来自麦加行政长官、两圣寺事务长官、法赫德国王朝觐研究所的代表组成了一个特别委员会，计划把妇女礼拜区从目前的 mataf（即绕行区①）移往位于麦加清真大寺北侧一层的另外两个地点，妇女们以宗教为据进行了抗议。官方的理由是新安排可以给予妇女更大的礼拜场所，而且可以使她们免受拥挤和电视摄像机闪光的侵扰②。针对这一提议，

---

　　①　穆斯林在朝觐过程中，受戒进入禁寺后，需按逆时针方向绕行克尔白七周。——译者注

　　②　阿赫桑（Ahsan, S.），2006 年 9 月 2 日，"呼声变大：变动妇女在麦加大寺礼拜地点的计划致怨声增大"（Chorus gets louder: resentment grows against plan to shift women praying area in Grand Mosque），《沙特公报》（The Saudi Gazette），2007 年 9 月 18 日摘自 http://www.saudigazette.com.sa/index.php? option = com-content&task = view&id = 14445&Itemid = 116。

妇女们没有依赖世俗的辩论或是国际人权组织的压力，而是以违背伊斯兰传统为据，成功地发起了抗议。

**埃及政府劝导女性摘去面纱**

资料来源：中穆网图库

"伊斯兰教历史上没有禁止妇女在克尔白前的空地上礼拜的先例"，一位女历史学家兼作家哈同·法希（Hatoon al-Fassi）写道。① 她举出理由说"在履行宗教义务和赏罚方面，男女两性都是平等的。先知（求真主赐他平安）明令，不得禁止妇女进入清真寺"。② 她以下面的话语结束了

---

① 阿拉伯语报纸《经济》（*Al-Iqtissadiya*），2006 年 8 月 29 日。

② 法西（Al-Fassi, H.），2006 年 8 月 30 日，"妇女在大寺的权利"（The rights of women in the Grand Mosque），《阿拉伯新闻》（*Arab News*），2007 年 9 月 17 日摘自 http://www.arabnews.com/? page = 7&section = 0&article = 78202&d = 30&m = 8&y = 2006。

自己的呼吁，"我确信她们不会接受这个专门小组的建议，这违背了伊斯兰教的精神和教义，而这些是无歧视和无差别地传达给全人类的"。①

沙特女学者苏海拉·哈马德（Suhaila Hammad）是一个世界穆斯林学者组织的成员，她指出这一提议是歧视性的，因此在宗教上是不可接受的。"男人和女人都有权在真主之处所礼拜。男人无权剥夺。"②

倡导妇女权利的阿西法·古来什（Asifa Quraishi）是威斯康星大学的法学教授，她提出要反对那些以沙里亚的名义伤害妇女的做法，其最有效的途径就是质疑它们是否遵从了伊斯兰教的准则，而不是去争论取消沙里亚。例如，巴基斯坦关于强奸的法律理所当然地受到国际人权组织的严厉批评。这一法律规定，被强奸的女性需要四名成年男性目击证人，才能起诉实施侵犯的人。不仅如此，如果被侵犯者因此怀孕，她还会面临通奸的指控，而强奸犯却可以逍遥法外。

对这类法律的抨击通常采取对沙里亚本身进行批评的方式。而在大多数人想以伊斯兰宗教准则为唯一立法渊源的国

① 法西（Al-Fassi, H.），2006 年 8 月 30 日，"妇女在大寺的权利"（The rights of women in the Grand Mosque），《阿拉伯新闻》（*Arab News*），2007 年 9 月 17 日摘自 http：//www. arabnews. com/？ page ＝ 7&section ＝ 0&article ＝ 78202&d ＝ 30&m ＝ 8&y ＝ 2006。

② 半岛电视台和路透社，2006 年 9 月 15 日，"妇女在麦加清真寺面临限制"（Women face curbs in Makka mosque），半岛电视台网站，2007 年 9 月 18 日摘自 http：//english. aljazeera. net/English/Archive/Archive？ ArchiveID ＝ 35489。

家里，这样的批评会引发防卫性反应。古来什没有批判沙里亚，她所质疑的是这一法律是否遵从沙里亚。她运用《古兰经》和先知圣训，以伊斯兰教的方法进行批判，指出这些法律实际上违背了沙里亚，因此应予废除。① 巴基斯坦的妇女权利倡导者就引用古来什这样的论点，对巴基斯坦歧视性的强奸法提出质疑。2006 年 11 月，巴基斯坦议会通过了《妇女保护法案》，对 1979 年的强奸法进行了修订。②

这些事例都是由穆斯林妇女领头发起的，但是也有一些西方的妇女权利倡导者在伊斯兰框架内部成功地带来积极变化的事例。2000 年，德国人鲁迪格·奈伯格（Rudiger Nehberg）创建了名为"目标"（TARGET）的人权组织，致力于与损毁女性生殖器官的行为作斗争。他提出这一做法是违背伊斯兰教准则的，而不是由伊斯兰教引起的。

> 据世界卫生组织估计，妇女割礼每年会侵害 1 亿—1 亿 4 千万女性。

---

① 古来什（Quraishi, A.），1997，"她的荣誉：从妇女感知的视角对巴基斯坦强奸法的伊斯兰批判"（Her honor: an Islamic critique of the rape laws of Pakistan from a woman-sensitive perspective），《密歇根国际法研究》（*Michigan Journal of International Law*），18 卷，2007 年 9 月 18 日摘自 http: //law. wisc. edu/faculty/download. php? iID = 175。

② 哈桑（Hassan, F.），2006 年 11 月 28 日，"妇女保护法案：感受与现实"，伊斯兰在线网站，2007 年 9 月 18 日摘自 http: //www. islamonline. net/servlet/Satel-lite? c = Article-C&cid = 1164545897953&pagename = Zone-English-Living-Shariah/LSE-Layout。

据世界卫生组织估计，在穆斯林人口占多数的社会及其他社会，损毁女性生殖器官、有时也被称做妇女割礼的做法，每年会侵害 1 亿—1 亿 4 千万女性。根据联合国儿童基金组织的统计，埃及、马里、几内亚和苏丹至少有90% 的妇女行了割礼，而在伊拉克、伊朗和沙特，几乎没有妇女行割礼。① 奈伯格不论到哪儿，都说"只有伊斯兰教的力量可以终止这一习俗"。2006 年 12 月，埃及大穆夫提阿里·高玛（Ali Gomaa）主持召开了一次高级别的穆斯林学者会议，著名的埃及学者优素福·格尔达维（Yusuf al-Qaradawi）也参加了会议。会议一致同意，损毁女性生殖器官的做法与伊斯兰教相抵触。②

运用沙里亚的论据来反对不公正的做法并不是全新的现象。比如，在穆斯林历史的早期，就有一个妇女以《古兰经》为据、挑战最高政治权威和宗教权威的著名事例。当时，伊斯兰教逊尼派的第二任哈里发欧麦尔打算为妇女可以要求的聘礼（mahr，婚姻中丈夫对新娘的赠予）规定一个上限，这遭到了一位妇女的拒绝。她公开质问欧麦尔，"你怎能限制真主不曾限制之事？"，而后她背诵了《古兰经》里保障妇女获得自己全部聘礼之权利

---

① 联合国儿童基金，2005。"女性生殖器损毁/切割：统计学探索"（Female genital mutilation/cutting: a statistical exploration），联合国儿童基金，2007 年 9 月 18 日摘自 http：//www. unicef. org/publictions/files/FGM-C-final-10-October. pdf。

② EL Ahl, A.，2006 年 10 月 6 日，"神学家论战妇女割礼"（Theologians battle female circumcision），《镜报》（Spiegel），2007 年 9 月 18 日摘自 http：//www. spiegel. de/international/spiegel/0，1518，452790，00. html。

的经文。欧麦尔认识到了自己的错误，撤回了自己的
提议。

**新加坡穆斯林学校的女生**

资料来源：中穆网图库

## 理解平等的不同方式："相同"的法律权利
## 是否总意味着对妇女的公平？

　　尽管埃及妇女们赞同妇女应当不受干预按自己意愿投
票选举（95%），并且做任何自己胜任的工作（88%），但
是她们对于"相同法律权利"的热情却相对较低（69%）。
在约旦妇女中也有类似情况，尽管她们赞同妇女应当享有
投票和工作的权利，但不赞同妇女和男性享有相同法律权

利的比例为30%，虽然依然是少数，但也相当突出。

　　有趣的是，不赞同给予妇女和男性"相同"法律权利的妇女并不比其他人受教育程度更低。只不过她们更倾向于以沙里亚为唯一的立法渊源。那么，支持沙里亚的妇女是否反对性别平等？并不必然如此。相反，一些穆斯林妇女认为，拥有"相同"的法律权利并不总是意味着妇女可以得到平等和公正的对待，因为男人和女人在家庭中的职责是不同的。用一位埃及妇女的话来说："给一个农夫和一个木匠一人一把锤子让他们干活，他们确实得到了相同的对待，但是并不公平。"

　　伊斯兰法学中有一个例子可以帮助我们理解她的意思：男人和女人在犯罪与惩罚、金钱交易和其他民事事务中拥有同样的权利。但是，属于沙里亚领域、一直备受西方严厉指责为性别歧视的穆斯林家庭法里，男性和妇女享有不同的、"互补"的权利——这些权利并不必然对男人有利。比如，根据穆斯林法学家的一致意见，妇女对家庭不负有经济上的义务。她有权把自己的收入和财产只置于自己名下，而不用充作"共有财产"。然而，她及其子女对丈夫的财产和收入拥有法律权利。同时，男人还必须负担婚礼、住房及其嫁妆的费用。

　　即使一位妇女非常富有，她也没有在经济上扶持他人、甚至是扶持她本人的责任。对这一经济优势的互补性措施就是她享有的遗产是其兄弟的二分之一。这一法律的根本原理就是：妇女可以工作，但是她绝不应负有必须工作的义务。因此,她最亲近的男性亲属要负责在经济上对她予以扶持。从理论上讲,她的经济责任为零,而她的兄弟要在经济上为自己的家庭负责,还要负担其母亲以及其他未婚姐妹的生活,并且还要把自己遗产的三分之一给予姐妹,这对某些人看来似乎慷慨得有失公平。如果给予妇女和男性"相同"的法律权利,很明显,穆斯林妇女历来享有的优势就会被废除。

## 穆斯林妇女对穆斯林世界感受如何?

> 尽管穆斯林妇女看重伊斯兰教在自己的个人生活中的作用,愿意让沙里亚至少在公共生活的一个方面里发挥作用,但她们并非对穆斯林世界不加任何批判。

　　尽管穆斯林妇女看重伊斯兰教在自己个人生活中的作用,愿意让沙里亚至少在公共生活的一个方面里发挥作用,但她们并非对穆斯林世界不加任何批判。阿拉伯/穆斯林社会里妇女们最不喜欢的和男性们所抱怨的非常相似:缺乏团结、经济和政治腐败、极端主义。

　　正如卡内基国际和平基金会 (Carnegie Endowment for International Peace) 的玛丽娜·奥塔维 (Marina Ottaway) 指出的那样,穆斯林妇女是在有限政治民主、经济恶化和全球性不公正这样一个更大的背景中行动，这些问题也是穆斯林世界所有人都面临的问题。[1] 考虑到这些国家不少都存在政治停滞、民主缺乏的问题，因此在这一自由回答的问题中，性别不平等并没有引发人们预想的那种主动的反应频率，这一点毫不奇怪。在盖洛普的调查中，约旦根本无人提起性别不平等的问题，而埃及和摩洛哥提到这一问题的妇女的比例分别是 1% 和 2%。沙特提到这一问题的妇女比例是5%，但是提到"缺乏团结"和高失业率的比例远高于此。

总的来说，穆斯林妇女赞赏伊斯兰教在自己生活中的作用，但是她们看到在理想与穆斯林世界的现实之间存在鸿沟。在对现代穆斯林社会的评论中，萨米拉对这一情感作了非常好的总结："我们名义上是穆斯林，但是我们的行为不是穆斯林的行为。"[2]

## 穆斯林男性对妇女权利有何感受？

> 在沙特阿拉伯，大多数（58%）男性说他们认为妇女应当有投票权，这一不合法行为的支持率高得令人吃惊。

---

① 奥塔维（W. Ottaway），2004 年 7 月，"避免妇女权利的陷阱"（Avoiding the women's rights trap），《阿拉伯改革杂志》（*Arab Reform Bulletin*），2007 年 9 月 18 日摘自 http：//www. carnegieendowment. org/publications/index. cfm？fa = view&id = 1590。

② 马赫默德：《虔诚的政治：伊斯兰复兴与女性主义主体》，第 44 页。

　　另外一个值得考察的问题是，穆斯林世界中的男性是否认为妇女应当拥有权利。简短的答案是肯定的"是"，他们确实如此认为。但是在有些国家，男性的反应不如妇女那么热烈。比如在摩洛哥，97％的妇女说政府应当保证妇女享有不受其家庭干预的投票权，而持此态度的男性比例是72％。不过在人们通常以为是男性压迫妇女大本营的伊朗，性别的差距并不是那么显著。1963年白色革命时期妇女就获得了选举权。在沙特，妇女至今还没有选举权，大多数（58％）男性说他们认为妇女应当有投票权，这一不合法的行为的支持率高得令人吃惊了。在一些国家，比如印度尼西亚、马来西亚、土耳其和黎巴嫩，对这一问题的回答没有明显的性别差异。

　　在实际调查过的每个国家里，绝大多数男性都赞同允许妇女做任何可以胜任的工作，在沙特这一比例是62％，伊朗73％，印度尼西亚81％。

　　阿慕尔·哈立德（Amr Khaled）是阿拉伯世界迄今为止最受欢迎的讲道师，也是2007年《时代》周刊选出的全球最有影响的百人之一。在许多方面，他表明阿拉伯男性（和阿拉伯女性）不断提高的性别平等意识与伊斯兰教一致，而非从西方输入的。这位年轻的埃及人原来是一位会计师，后来转作宗教教师。他穿着剪裁合体的套装，而不像别的毛拉那样穿着长袍，非常引人注目。他宣扬妇女在伊斯兰教中的地位并不仅仅是与男性"平等"，而且妇女还有特殊的禀赋。阿拉伯语卫星电视频道"宣读"

（*Iqra'*）专门做宗教节目，哈立德在这里对观看他电视节目的上百万观众说，"真主创造女性是对世界的仁慈。妇女在伊斯兰教中的地位是任何其他体制所无法比拟的，但是我们穆斯林已经忽视这些权利太久了。"

哈立德强调，在家庭责任和作为社会及国家的建设者的公共角色之间，两性都要寻求平衡。他所传达的妇女在伊斯兰教中具有受尊敬的地位这一信息，对整个阿拉伯世界和生活在西方的成千上万穆斯林非常有吸引力。

除了这些进步，在对待妇女权利的态度上依然有明显的性别差距。例如在沙特，一半稍多的男性（55%）说不应允许妇女自己驾驶汽车，然而持此态度的妇女只有34%。同一个问题，沙特的数据显示的性别差距最大。穆斯林世界一些地方赞同妇女权利的男女比例存在差距，这预示着就女性的社会角色要达成共识，还有很多工作要做。

## 伊斯兰教是否成为问题？

> 认为穆斯林世界多数地区的妇女地位落后与伊斯兰教准则有关的观点是否有可取之处？

反对妇女的观点通常被认为出于宗教情感，那么有一个重要的问题必须要问：男性穆斯林的虔诚信仰是否与对待妇女的不平等观点相关？认为穆斯林世界多数地区的妇女地位落后与伊斯兰教准则有关，这一观点是否有可取之处？

我们的数据分析对于这两个问题的答案都是否定的。在比较认为男女应当拥有同样法律权利的男性和持相反观点的男性时，我们发现他们的宗教信仰虔诚程度没有什么差别。实际上，在黎巴嫩、摩洛哥和伊朗，支持妇女权利的男性要比那些反对妇女权利的男性更加虔诚。在这一分析所包含的8个国家①中，唯一的例外是土耳其，它与其他国家恰好相反。与穆斯林世界的其他地方相比，在土耳其，笃信宗教是与缺乏教育密切关联的，这可能能为上述结果做出解释。

在为了荣誉杀人的涉案男性中——那种罪一向被视为宗教狂热的结果——也明显存在相似的倾向。比如，研究显示，在约旦为荣誉而杀人的男性中有69.4%平时不礼拜，55.5%不斋戒。② 这些男性不履行伊斯兰教最必需的宗教仪式，这表明他们的杀人行为不是由宗教狂热或宗教虔诚所激发。相反，那些通常与犯罪行为联系在一起的因素更可能发挥作用，比如，这些男性中的大多数有暴力犯罪记录，其中35.1%有犯罪前科并服刑。而且，其中32.4%是文盲，只有3.7%上过大学，24.1%在破裂的家庭中长大。③

---

① 伊朗、巴基斯坦、黎巴嫩、摩洛哥、沙特阿拉伯、埃及、约旦和土耳其。

② 拉玛斯·纳斯尔（Lamis Al-Nasser）、巴什尔·比尔比西（Bashir al-Bilbisi）、戴安娜·阿提亚特（Diana 'Atiyyat），*Al-'Unf did al-mar'a fil-mujtama' al-urduni：Al-khasa'is al-dimoghrafiyya lil-dahaya wal-junat*，安曼：Al-Mutlaqa al-Insni li Huqu al-Mar'a，1998，p. 14。

③ 桑博尔（Sonbol, A.），2003 年，《约旦妇女：伊斯兰、劳动与法律》（*Women of Jordan：Islam, labor and law*），第 191—192 页，希拉库斯大学出版社（New York：Syracuse University Press）。

# 挑　战

2005 年 9 月，负责公共外交的副国务卿卡伦·休斯（Karen Hughes）在埃及、沙特、土耳其开始了一场倾听之旅。在旅途中，她遇到的巨大障碍，与那些努力去帮助穆斯林妇女的善意西方妇女们遇到的一样。

在沙特停留期间，休斯与沙特滨海城市吉达的一所女子大学的师生举行了一次会面，在此她与阿拉伯式的骄傲不期而遇。休斯用"折翼"的鸟儿来比喻沙特妇女的地位，因为她们缺乏全面参与的权利，包括没有投票权和驾驶权。① 她的发言引发了愤慨。学校师生表示对沙特妇女受压迫的这种陈词滥调很失望，并对美国媒体推波助澜的做法进行了强烈的抨击。一位妇女反驳说："我认为我可以代表我们所有人说，我们是幸福的。我们不仅仅知足，而且我们是幸福的。那么，你打算如何来展示这一景象？"

但是，盖洛普的数据显示，绝大多数沙特妇女说她们应当拥有投票权和驾驶权。那为什么她们对休斯的断言有如此排斥的反应呢？

---

① 丁摩尔（Dinmore, G.），2005 年 9 月 27 日，"沙特学生回绝美国沟通大师"（Saudi students rebuff US communications guru），《金融时报》（Financial Times），2007 年 9 月 18 日摘自 http：//www. ft. com/cms/s/0/ebe0f15c-2fa2-11da-8b51-00000e2511c8. html。

> 在西方记者的追问下，一些妇女承认她们想拥有投票权和驾驶权，但是坚持说所有的变化都会以沙特自己的步调和决定来进行。

　　休斯在沙特所直接面对的是沙特人的这样一种感受，即美国觉得在文化上高穆斯林一等，认为自己处在"拯救他们"的位置上，却对穆斯林的文化和价值观毫不尊重。这就是为什么沙特妇女对休斯的言辞有防御性反应的部分原因，这和其他阿拉伯妇女遇到她们认为的文化霸权威胁时的反应是一样的。活动之后，在西方记者的追问下，一些妇女承认她们想拥有投票权和驾驶权，但是坚持说所有的变化都会以沙特自己的步调和决定来进行。[①]

　　在土耳其，邻国伊拉克的战争等尖锐冲突已经伤害了很多妇女。因此，即便是西方化的土耳其女性主义者，也指责休斯关心妇女的说法是伪善的。在埃及，人们认为美国反对真正的阿拉伯政治自决，由此引发的愤怒甚至让阿曼尼·菲克里（Amani Fikri）——一家反对派报纸的编辑，受过教育、有着世界主义和民主主义思想的埃及妇女——也对休斯的动机和真诚提出质疑。

---

① 丁摩尔（Dinmore, G.），2005 年 9 月 27 日，"沙特学生回绝美国沟通大师"（Saudi students rebuff US communications guru），《金融时报》（*Financial Times*），2007 年 9 月 18 日摘自 http://www.ft.com/cms/s/0/ebe0f15c-2fa2-11da-8b51-00000e2511c8.html。

　　认为自己文化上不受尊重，再加上政治上受支配的感受和冲突尖锐的现实，这三个维度正是许多男女穆斯林看待西方、尤其是美国的行动和言辞的滤光镜。每个滤光镜都在强化和互相强化，同时每个维度又都通过其他两个维度的滤光镜被观察。例如开罗的一个小货车司机拉什迪（Rushdi）说，"美国仇恨伊斯兰教；看看他们对伊拉克干了什么。"在这里，人们通过自己认为的美国对伊斯兰教的仇恨这一滤光镜来看待尖锐的冲突，美国仇恨伊斯兰教的感受又反过来增强了冲突的尖锐性。

　　具有讽刺意味的是，穆斯林妇女权利是一个重要的并发因素，上述所有这三个维度都至少与此有部分关系。西方对伊斯兰教的攻击常常以妇女权利为理由。而且如前所述，对于入侵阿富汗和伊拉克这类尖锐冲突，解放妇女也被当做说明其正当性的部分理由。然而，穆斯林认为这些战争非但没有帮助到穆斯林国家，反倒损害了它们。穆斯林男性和穆斯林妇女一样，都认为入侵伊拉克造成的危害远大于带来的好处——这是被问及这一问题时多数国家大部分人的感受。① 不仅如此，穆斯林还认为，西方对穆斯林妇女的关心局限在认为她们会受到穆斯林男性的虐待，但是对于她们在西方列强手里蒙受的苦楚，却似乎视而不见。

---

　　① 埃及、伊朗、伊拉克、约旦、科威特、黎巴嫩、摩洛哥、尼日利亚、巴基斯坦、巴勒斯坦、沙特阿拉伯、塞内加尔、土耳其、坦桑尼亚和阿拉伯联合酋长国。

而且在穆斯林世界许多地区，那些反对自由选举的人们证明自己观点正当的理由是：选举产生的是反对妇女的伊斯兰原教旨主义者。不过，在这一论点最盛行的国家，比如埃及，大多数妇女说民主会促进自己国家的进步，同时她们也愿以沙里亚为立法渊源之一。

## 路在何方？

　　以上这些感受是否意味着西方人应当采取"文化相对主义"，以一种"不加评判"的方式来看待妇女们的苦楚？他们是否应当安静地站在一边，只关心自己的事务？绝对不是。但是，感受、历史和文化现实混杂在一起，即使西方那些最具善意的穆斯林妇女权利倡导者也面临着严峻的挑战。这就要求他们谨慎、连贯、尊重地向前推进。根据分析，我们有以下建议：

　　　　西方人是否应当采取"文化相对主义"，以一种"不加评判"的方式来看待妇女们的苦楚？

### 置首要之事于首要之位

　　在西方人能够帮助穆斯林妇女之前，他们必须对穆斯林妇女的优先考虑有所了解。阿兹扎赫·希伯里（Azizah al-Hibri）教授是黎巴嫩裔美国人，现为里士满大学法学教授，她创建的 KARAMAH① 组织由致力于维护妇女人权的女律师组成。她解释了"第三世界"妇女们为何沮丧，因为在她们最需要的是什么这一问题上，只能听"第一世界"妇女们的指令，特别是在一些关于人权的国际会议上：

> 在哥本哈根，第三世界的妇女被告知她们的当务之急与面纱和阴蒂切开术（也就是女性生殖器损毁）有关。在开罗，她们被告知当务之急乃是避孕和堕胎。在这两个情形中，第三世界的妇女被理所当然地认为与众不同。她们反复宣称自己的当务之急乃是和平与发展。她们表示在自己的孩子因为饥渴和战争而濒死之时，她们不可能为其他事情更感担忧。②

和穆斯林男性一样，穆斯林妇女说她们最感紧迫的事务包括经济发展和政治改革。因此，如果不关注穆斯林世界大多数地区存在的更为严重的独裁主义问题，就不可能回应妇女更多平等和更多政治参与的挑战。在美

---

① KARAMAH 是一个支持穆斯林妇女人权的非赢利性律师组织，其总部在美国华盛顿特区。——译者注

② 希波里（Hibri, A.），2004 年，"谁来定义妇女权利？一个第三世界妇女的回答"，《人权简报》（*Human Rights Brief*）。2007 年 9 月 18 日摘自 http：// www. wck. american. edu/hrbrief/v2il/alhibr21. htm。

国已经把妇女问题作为自己中东政策的重中之重的时候，关注和致力于推进民主也同等重要，因为两者是紧密相关的。如果没有认识到妇女需要完全、平等地参与所有生活领域，并把妇女纳入其中，中东世界就不可能有真正的民主。民主制需要女性的参与来建构一个具有包容性、代表性和可持续的政府体系，因此我们应认识到，民主化不是妇女赋权运动的副产品；相反，它是衡量妇女权利的准绳。

经济发展方面也一样。罗纳尔德·英格哈特（Ronald Inglehart）数十年来都在通过世界价值观调查（World Values Survey），对全球价值观进行研究。根据他的研究，几乎在每个社会中，人类的发展都始自于经济现代化和经济发展，这就要求妇女进入工作场所，并带来文化的变革，除此之外没有其他路径。[1] 有些人已经提出，经济停滞、特别是阿拉伯世界的经济停滞，与传统文化价值观不把妇女视为人力资源、因而利用不足有关。[2] 不过，鉴于阿拉伯男性中的高失业率，问题似乎不在于人力资源运用不足，而在于经济机会普遍缺乏造成的资源需求低下。

---

[1] 英格哈特（Inglehart, R.）和维尔兹尔（Welzel, C.），2005 年，《现代化、文化变迁和民主：人类发展的顺序》（*Modernization, culture change and democracy: the human development sequence*），剑桥大学出版社（New York: Cambridge University Press）。

[2] 《阿拉伯人口发展报告 2005：朝向阿拉伯世界妇女的崛起》，纽约：联合国发展计划。

> 民主化不是妇女赋权运动的副产品；相反，它是衡量妇女权利的准绳。

在全球范围内提高妇女地位确实势在必行。但是，如果在阿拉伯世界首先就关注性别问题，而无视稳定、改善经济和政治权利等更基本的需求，这不仅忽略了社会发展的自然顺序，更重要的是，也就忽略了前面提到的穆斯林妇女的当务之急。

## 显示关注的一致性

人类学教授丽拉·阿布－卢格豪德（Lila Abu-Lughod）在哥伦比亚大学从事妇女和性别研究，是妇女权利的坚定维护者。过去20多年里，她一直从事中东妇女问题的工作。一次，友人让她在一份从塔利班手下拯救阿富汗妇女的请愿书上签名，她感到很不自在，对此举的理由，她写道：

我从来没有收到这些妇女要求保护巴勒斯坦妇女免受以色列炸弹袭击、或是免受检查站日常侵扰的请愿书。或许这些人里有一些正在签署保护阿富汗妇女不受割礼摧残、保护印度妇女不会因为嫁妆问题而死的请愿书。不过我认为，如果不是因为这是穆斯林男性压迫穆斯林妇女的这件事的话，不可能轻易动员起这么多的欧美妇女。……她们为那些穆斯林妇女感到遗憾，与其相比，她们对自己的优越沾沾自喜。①

如果西方对"妇女权利"的倡导，与人权、包括贫困、政治压迫和战争造成的伤害等大背景更加一致的话，可以改变上述这种感受，尤其是在这些苦难被认为是西方政策所造成的时候。

## 超越女性主义与原教旨主义之争

阿西法·古来什认为，1993 年联合国开罗人口会议上，西方女性主义者一直在大力推进堕胎议题，把这定义为妇女权利与宗教律法的压迫性限制的对抗。具有讽刺意味的是，伊斯兰教法中对是否允许堕胎本来就有不同的看法，可以说，其见解相对于天主教会对堕胎的批评，要更加模糊和微妙。不过，西方的做法和强大的压力促使埃及的最高宗教领袖、艾资哈尔的谢赫发布了一项意见，坚决反对堕胎。与以前相比，妇女更难以安全地进行这一手术了。古来什看到，对于伊斯兰教和伊斯

---

① 卢格豪德（Lughod, L.），2003 年，"拯救穆斯林妇女还是和她们站在一起？：我们时代的形象、伦理和战争"（Saving Muslim women or standing with them?: on images, ethics and war in our time），载《人类》（Insaniyaat），2007 年 9 月 18 日摘自 http：//www. aucegypt. edu/academic/insanyat/Issue% 201/I-article1. htm。

兰教法的基本误解是造成这些无意的负面结果的主要原因，她指出西方的女性主义者有时有一种"天生的、常常是下意识的优越感"，用"拯救心理"来处理穆斯林妇女面对的问题。[①]

这个事例和许多其他类似的事例说明，把妇女权利当做伊斯兰教价值观与西方平等主义价值观之间的斗争，会在穆斯林世界带来怎样的战略危险。它没有给妇女和她们的支持者留下选择的自由，却赋予那些用反西方霸权之名来反对妇女权利的人以力量。穆斯林妇女认为她们珍视的信仰与应得的权利之间没有任何矛盾。伊斯兰教不仅不是进步的障碍，它还被视为这一进步的关键部分。因此，任何旨在取得更多性别公正的解决方案，应当利用、而不是排除那些认可妇女所渴望的权利的本土文化和宗教框架。

在讨论阿富汗重建问题的波恩和平会议上，代表美国的法蒂玛·盖拉尼（Fatima Gailani）担任一个妇女代表团的顾问，她说："如果现在我去阿富汗，许诺世俗化，让妇女们去投票，她们会让我去下地狱。"[②] 她很可能是对的。只有5%的阿富汗妇女说沙里亚不应在立法中发挥作

---

① 德里克（Dedrick, A.），2006 年 5 月 26 日，"穆斯林发言人建议，女性主义不能解决一切"（Feminism can't solve all, Muslim speaker advises），载《斯坦福日报》（*The Stanford Daily*），2007 年 9 月 18 日摘自 http：//daily. stanford. edu/article/2006/5/26/feminismCantSolveALLMuslimSpeakerAdvises。

② 同上。

用，而85%的妇女说沙里亚至少应是立法的渊源之一（45%的妇女说沙里亚应是唯一渊源）。

因此，如果穆斯林社会的改革能够在伊斯兰教的框架内推进，很可能是最见成效的。当妇女们反对禁止妇女在麦加大寺中庭礼拜的提议时，情况就是如此；当穆斯林学者根据伊斯兰教教义、发表声明反对女性生殖器损毁时，情况就是如此；当巴基斯坦妇女运用《古兰经》中的教义来修订歧视性的强奸法时，情况也是如此。

帮助穆斯林妇女改善她们的境遇，第一步就是要质疑这样一个假设，即宗教教义是妇女展开社会斗争的根本原因。质疑的基础是了解伊斯兰教中性别公正的传统、充分理解伊斯兰教法中那些微妙之处和伊斯兰教内部争论的多样性。

## 把解放主义与解放分离开来

2003年，维达·萨曼德扎伊（Vida Samadzai）代表阿富汗出现在地球小姐选美大会上。与其他竞争者不同，她不是由自己的国家提名，而是由那些了解她所做的志愿者工作的人"指定"的[1]。阿富汗的妇女事务部长发表了一个强硬的声明，强调萨曼德扎伊不能代表阿富汗妇女，也不能代表她们追求自由的困境。时任部长的哈比芭·苏拉

---

[1] 萨曼德扎伊，普什图人，1978年2月22日出生于阿富汗的喀布尔，并在这里长大。她1996年移居美国，毕业于加利福尼亚州立大学，当时从事帮助巴基斯坦的阿富汗难民的工作。——译者注

比（Habiba Surabi）说"赤身裸体出现在照相机和电视上不是妇女的自由，在我看来那是娱乐男人"。她宣称"我们谴责维达·萨曼德扎伊，她不代表阿富汗妇女，这不是妇女自由"。苏拉比继续说，在阿富汗文化中，衡量妇女价值的不应当是她的"美"或是身体，而应当是她的技能和知识。

**贫民窟的生活：周日在孟加拉国的首都达卡，一名妇女正在搬家。**

资料来源：http://bbs.2muslim.com/viewthread.php?tid=102324&extra=page%3D5&page=6

萨曼德扎伊自己也承认，当被要求穿上分体式的比基尼时，她感到很不舒服。"我知道……这引发了很多争论，我穿着这个感到很不舒服……因为这不属于我的文化"，萨曼德扎伊说。①

尽管萨曼德扎伊在选美大会上的比基尼着装没有得到阿富汗人的支持，也没有被妇女事务部长认为是妇女权利的前进，甚至萨曼德扎伊本人也不觉得非常舒服，但是一些西方观察家们说这是阿富汗和其他地方妇女进步的一个标志。地球小姐选美大会的裁判们也宣布，他们将第一次颁发"事业美女"奖。他们把此奖颁给了萨曼德扎伊，因为她"象征了今日女性新确立的信心、勇气和精神"，"代表着妇女权利的胜利以及各种社会的、个人的和宗教的斗争（的胜利）。"

如果我们把妇女权利与男女穆斯林都同样憎恶的西方的那些方面联系在一起，我们就等于鼓励了那些把反对妇女权利作为反西方霸权堡垒的人。那些反对对伊斯兰教教义作较为平等主义解释的人，实际上是以"文化保护"为名，来抵御他们感受到的西方道德腐化影响的冲击。把解放主义与解放混合在一起，只会让这些批评者更加强大，而削弱了那些希望从内部为妇女带来积极变化的人。

---

**要点：**

\* 穆斯林妇女珍视自己的宗教以及自己的权利。

---

① 泰伍斯（Teve, O.），2003 年 11 月 7 日，"阿富汗小姐因比基尼感受冲突"（Miss Afghanistan conflicted about bikini），美联社（The Associated Press），2007 年 9 月 18 日摘自《律商联讯》。

* 穆斯林妇女欣赏西方的一些方面，但是她们并不认可全盘采纳西方价值观。

* 大多数穆斯林妇女认为，她们最紧迫的需求不是性别问题，而是更大的政治和经济发展。

* 西方女性问题的主张时常被视为可疑的，因为在历史上女性主义就被用来证明殖民主义的正当性。

# 第五章　冲突还是共存？

我们的世界并非更加安全，而是更加危险。造成这种危险的主要原因之一，即全球恐怖主义，仍处在上升的阶段，在可预见的将来仍可能是主要威胁。我们从世界各地收集到的数据资料表明，那些正在影响我们的观察视角和政策的许多主要观点并不一定正确。反对全球恐怖主义的关键是，我们在态度上和政策上要有能力超越预设和传统观念，在世界范围内建立起超越"我们"和"他们"的伙伴关系。

## 虚构与现实

### 虚构之一：穆斯林是罪犯

2004 年 12 月 7 日，时任联合国秘书长的科非·安南召开题为"直面伊斯兰恐惧症（Islamophobia）：学会宽容与理解"的联合国会议。他在会议上说：

> 世界通常会被迫创造新词用以描述不断扩散的偏执——这是一种悲哀而令人不安的发展。"伊斯兰恐惧症"正是如此。……自美国"9·11"事件以来，许多穆斯林，尤其是西方的穆斯林，发现他们自己成为怀疑、骚扰和歧视的目标。……太多的人将伊斯兰教视为铁板一块，认为其本质上反西方……讥讽依然四处散播，无知的鸿沟深不见底。①

我们生活的世界中，有两个起源自闪米特人的伟大宗教经常受到攻击。对于 1400 万犹太人所遭受的歧视和偏见，我们有一个强有力的词汇"反犹主义"（anti-Semitism）来描述。② 但是直到最近，仍没有一个词用来描述对全球 13 亿穆斯林的偏见、歧视与暴力。"伊斯兰恐惧症"这个新词就是用来描述一种双重含义相纠结的种族主义，它根植于穆斯林"不同的"体貌特征，也根植于对穆斯林宗教和文

---

① 克拉斯蒂夫（N. Krastev），2004 年 12 月 10 日，"世界：联合国论坛探索与'伊斯兰恐惧症'斗争之路"（World：UN forum explores ways to fight "Islamophobia"），自由欧洲电台（Radio Free Europe），2007 年 9 月 18 日摘自 http：//www. rferl. org/featuresarticle/2004/12/7e9a94b2-7e8d-4811-a017-1500bde65e62. html。

② 《2006 年世界犹太人口》（*The Jewish Population of the World*，2006），犹太人数字图书馆（Jewish Virtual Library），2007 年 9 月 18 日摘自 http：//www. jewishvirtualibrary. org/jsource/Judaism/jewpop. html。

化的不宽容。①

　　"9·11"的灾难性事件以及发生在穆斯林世界、马德里、伦敦持续不断的恐怖主义袭击，使"伊斯兰恐惧症"急剧恶化。伊斯兰教和穆斯林除非能证明自己的清白，否则就是有罪。伊斯兰教被视作激进主义、极端主义和恐怖主义的根源，而不仅仅是背景。

> 　　责备伊斯兰教只是简单的答案。相对而言，这要比重新审视伊斯兰世界许多地区共同关注的重要政治议题和不满容易得多，而且更少引发争议。

　　但是，责备伊斯兰教只是简单的答案。相对而言，这比重新审视伊斯兰世界许多地区共同关注的重要政治议题和不满要容易得多，而且更少引发争议。这些重要议题包括：许多穆斯林政府和社会的失败和不足；美国外交政策中的某些干涉和独断专行；西方对极权政府的支持；对伊拉克的入侵和占领；以及支持以色列与加沙地带的哈马斯和黎巴嫩真主党进行的军事斗争。

　　美国基督教右翼的主要领袖一直急于妖魔化伊斯兰教。然而，并非所有的福音派领袖都对伊斯兰教持这种观点。南

---

　　①　埃斯波西托，"伊斯兰恐惧症"，2006年11月6日，瓦立德·本·塔拉勒王子穆斯林—基督徒理解中心（Prince Alwaleed Bin Talal Center for Muslin—Christian Understanding），2007年9月18日摘自 http：//blogs. georgetown. edu/？ id＝20320。

浸信会教友协会（Southern Baptist Convention）的宗教道德
自由委员会（Ethics Religious Liberty Commission）主席理查
德·兰德博士（Richard Land），就谴责教友的这些言论：
"我不同意这些观点，许多福音教友也不同意。你知道，只有
其中一个领袖的观点有人响应，你所提到的其他领袖，他们的
追随者每年都在减少"，他继续说，"我认为这些观点是完全
错误的。"但是，兰德的言论并未引起媒体的广泛关注。①

反对穆斯林的情绪并非仅限于某些有名的基督徒身
上，也广泛存在于政治评论员当中。丹尼尔·派普斯
（Daniel Pipes）就是其中一位。他谈到在华盛顿特区被抓
获的狙击手时，声称：

> 当我们知道约翰·艾伦·穆罕默德（John Al-
> len Muhammad）是华盛顿特区狙击手首当其冲的
> 嫌疑人时，并不感到奇怪。他是一位非洲裔美国
> 人，大约17年前皈依了伊斯兰教。7年前他为路
> 易斯·法拉汗（Louis Farrakhan）的"百万人大
> 游行"（Million Man March）② 提供了安全担保，

----

①  外交关系委员会（Council on Foreign Relations），2005 年 9 月 22 日，《福音派
与中东》（*Evangelicals and the Middle East*），摘自 http：//www. cfr. org/publication/89·
11/evangelicals-and-the-middle-east-rush-transcript-federal-news-service-inc. html？  breadcr-
umb ＝％2Fbios％2F5850％2Fnancy-e-roman。

②  1995 年 10 月 16 日，在美国"伊斯兰民族"的领导人路易斯·法拉汗的组
织下，在华盛顿特区举行百万人的大游行，为非洲裔美国人争取选举权等权
利。——译者注

这也不奇怪。……所有这些几乎都是可以预测到的，因为它符合美国黑人的一个既定传统：皈依伊斯兰教，然后反对自己的国家。当然，这并非普遍的模式，大约70万皈依伊斯兰教的非洲裔美国人中，有些仍是温和而爱国的公民。[1]

## 虚构之二：欧洲的未来是"欧洲—阿拉伯"（Eurabia）

"伊斯兰恐惧症"有一种更为杞人忧天的观点，即欧洲面临伊斯兰化的危险，将会转变为一个新的穆斯林堡垒——"欧洲—阿拉伯"。这种恐惧基于如下的假设：伊斯兰教与西方的价值观相冲突，不会与之和谐相处。它推测，欧洲穆斯林人口的增长最终将会导致穆斯林人口占多数，从而威胁到欧洲社会历史上基督教的、现在总体上世俗性的特质。

2004年，普林斯顿大学著名的历史学家伯纳德·刘易斯（Bernard Lewis）在德文日报《世界报》（*Die Welt*）上宣布，欧洲"最迟"将会在本世纪末伊斯兰化。2007年，他又在《耶路撒冷邮报》（*Jerusalem Post*）上大张旗鼓地重申了这一观点。刘易斯的言论不仅反映了、而且加剧了人们对"欧洲—阿拉伯"的担忧。2004年，荷兰人弗里

---

① 派普斯（D. Pipes），2002年10月25日，"环路上的狙击手：皈依暴力？"（Beltway snipers: converts to violence?），《纽约邮报》（*New York Post*）。摘自http: // www.danielpipes.org/article/492。

茨·博克斯坦（Frits Bolkestein）——一位著名的欧盟委员——警告说，移民在"很大程度上"将会使欧盟转变为"奥匈帝国"。他暗示那些伟大的城市不久将会变成欧洲人占少数的城市——其中有两个城市位于他的祖国，即阿姆斯特丹和鹿特丹，（计划）增加的 8300 万土耳其穆斯林会进一步促进欧洲的伊斯兰化。博克斯坦评论道，他并不知道事态会不会像刘易斯所预测的那样，"但是如果他是正确的话"，"1683 年'从土耳其军队的占领下'解放维也纳就是徒劳的了"。①

法国极右翼政党"民族阵线"党（National Front）的总书记让·马利·勒庞（Jean-Marie Le Pen）在谈到穆斯林时说：

> 这些因素对公共安全的各个方面产生消极影响。他们以自然繁殖和移民两种方式增加人口数量，强化他们顽固的民族隔离，强化他们专横的文化特质。这是一个诸方面都不正常的伊斯兰教的世界②

---

① 考德威尔（C. Caldwell），2004 年 10 月 4 日，"伊斯兰教的欧洲"（Islamic Europe?），《旗帜周刊》（*The Weekly Standard*），摘自 http：//www. Bweeklystandar. com/Utilities/priter-preview. asp？idArticle = 4685&R = C7B15。

② 普拉莫（A. Primor），2002 年 4 月，"勒庞的基本原则"（Le Pen ultimate），《国土报》（*Haaretz*），2007 年 9 月 18 日摘自 http：//news. haaretz. co. il/hasen/pages/ShArt. jhtml？itemNo = 153419。

挪威的右翼政党克里斯蒂安桑进步党（Kristiansand Progress）宣称，希望在挪威禁止伊斯兰教。[1] 在丹麦，媒体那些"伊斯兰恐惧症"的态度和行为，以及对负面形象的描述，引发了人们对个人、宗教中心、商业财产进行的言辞谴责和物理攻击（纵火、爆炸、涂鸦）。丹麦穆斯林被召集在一起，要求他们确认宪法高于《古兰经》。[2]

"欧洲—阿拉伯"的确是一个巨大的威胁吗？在这里，把穆斯林群体看做铁板一块的倾向，以及其他的虚构再一次被现实粉碎了。欧洲—阿拉伯的虚构与恐惧的核心，是与穆斯林的人口分布，与伊斯兰教的力量，与伦敦、马德里及其他欧洲城市中已发生的攻击事件和被挫败的攻击事件相关。但现实情况是，穆斯林人口只占欧盟人口的 2%（2000万）。即使土耳其加入欧盟——有些人认为最近不可能，甚至有人认为欧盟永远不会接收土耳其——穆斯林人口也只达到 17%。更重要的是，欧洲的穆斯林与其他宗教或民族群体一样，也并非同质化的。他们也是一个多样化的群体，共同的地方并不多：南亚人居住在英国，北非人居住在法国，土耳其人居住在德国。并且，其中许多人根本不信

---

① 彼德森（C. Pettersson），2004年7月19日，"右翼政客希望禁止伊斯兰教"（Right-wing politicians want to ban Islam），《网络新闻报》（Nettavisen），2007年9月18日摘自 http：//pub. tv2. no/nettavisen/English/article254421. ece。

② 阿兰和尼尔森（C. Allen & J. Nielsen），2002年5月，"9·11之后欧盟'伊斯兰恐惧'的总结报告"（Summary report on Islamophobia in the EU after 11 September 2001），欧洲种族主义与排外情绪监测中心（European Monitoring Centre on Racism and Xenophobia），2007年9月18日摘自 http：//fra. europa. eu/fra/material/pub/anti-islam/Synthesis-report-en. pdf。

奉宗教，他们最多只是文化上的穆斯林。事实上，2005 年法国郊区参与暴乱与纵火的大多数人根本不进清真寺。

### 虚构之三："他们恨我们，是因为我们的自由……"

我们西方人心目中的穆斯林和伊斯兰教形象，对我们政策的制定，及维持与穆斯林世界关系的成功与失败至关重要。我们通常认为，"他们痛恨我们，是因为我们的民主、自由、文化、价值观、成功或者说先进"。

是的，正如我们曾经讨论过的，事实完全相反。下面是几个例子，看看一些受访者告诉我们他们最羡慕西方什么：

> "我羡慕他们的自由。他们关心人权，拥有民主平等。他们在技术方面很发达。"
>
> ——一位土耳其受访者
>
> "真正的自由，经济与科技优势，平等与公正。"
>
> ——一位伊朗人
>
> "他们努力工作的方式。这有助于国家的发展。"
>
> ——一位巴基斯坦人
>
> "自由与彼此之间的开诚布公。"
>
> ——一位摩洛哥人

通常认为穆斯林不愿听取别人的意见，这种看法可能源自如下广为传播的观念：反美主义就等于痛恨西方的价值与文化。然而，从穆斯林对大量可自由回答问题的答复却可得出不同的结论。认为穆斯林没有任何值得羡慕之处的美国人占被调查者的32%。相比之下，认为美国人没有值得羡慕之处的穆斯林所占的比例非常低（在约旦这一比例是6.3%，沙特是10%，埃及是1%）。

正如我们从资料中看到的，穆斯林对西方不满，源于他们认为西方对伊斯兰教充满敌视与诽谤，源于西方人所持的阿拉伯人和穆斯林低人一等的观念，源于他们对西方干涉、主导与占领的恐惧。鉴于西方的实力及其所主导的全球化（政治、经济、文化），许多穆斯林可能担心西方的文化会压倒伊斯兰文化，从而丧失自己的穆斯林认同、独立性与价值观。让中东和北非的穆斯林尤其感到不满的，可能是源自这一事实：他们仰慕西方先进科技和自由民主，但几乎没有人认为西方愿意让穆斯林也拥有同样的优势。正如一位沙特阿拉伯的受访者所言："要改变这一事实：西方国家不是想改善伊斯兰世界，而是竭力想控制伊斯兰世界。"

　　那种认为"西方已经改变了自己的文化与价值以改善与穆斯林世界的关系"的想法，使我们走向错误的方向。

因此，那种认为"西方已经改变了自己的文化与价值以改善与穆斯林世界的关系"的想法，使我们走向错误的方向。

以色列在耶路撒冷郊外的西岸地区修建了充满争议的隔离墙

资料来源：中穆网图库

## 虚构之四：我们正经历着文明的冲突

以穆斯林的视角来审视某些世界性事件，有助于我们理解因为声名狼藉的漫画事件而引发的全球愤怒。一些新闻卡通图片，其中一张是先知穆罕默德头巾中藏着炸弹——首先于2005年在丹麦出版，然后又出现在欧洲其他城市——在2006年引发了一场国际性骚乱。在从欧洲、非洲一直延伸到东亚的巨大的弧形地带里，爆发了示威活动。穆斯林记者遭到逮捕，在约旦、阿尔及利亚、也门，发表这些卡通的报纸也被停刊。欧洲国家撤回了使馆和非政府组织的工作人员，穆斯林国家也撤回了使馆人员。

经济也因此受到影响。根据《海湾新闻》的消息，因为穆斯林国家的消费者拒绝丹麦的产品以示抗议，丹麦年均损失 26 亿欧元的出口。① 丹麦奶业公司阿尔拉食品公司（Arla Foods）报告，由于部分地区消费者的抵制，它的销售陷入停滞，每天损失 150 万美元。关于卡通事件的争论再一次凸显如下问题：伊斯兰教与西方文化不能和平共处吗？我们能将其视为文明的冲突或文化战争吗？一些人同意，而另一些人则反对，认为这个问题与捍卫西方民主价值没有多少关系，却与反映并影响社会上排外情绪及伊斯兰恐惧症的欧洲媒体关系密切。还有一些人认为，大家一窝蜂去重印丹麦的漫画主要与经济利益有关。

在这里，盖洛普全球民意测验的数据再一次证明了大范围愤怒的原因所在。我们已经看到，穆斯林社会最主要的抱怨是西方诽谤伊斯兰教和穆斯林，将伊斯兰教等同于恐怖主义。漫画没有讽刺奥萨玛·本·拉登和阿布·穆萨卜·扎卡维这样的恐怖主义者，相反却选择广受穆斯林尊敬，且被穆斯林视为伊斯兰生活和价值榜样的先知穆罕默

---

① 侯赛因（S. Husain），2006 年 2 月 20 日，"丹麦公司每天损失 150 万美元"（Danish firm loses ＄1.5m per day）《海湾新闻》（Gulf News），2007 年 9 月 18 日摘自 http://archive. gulf-news. com/indepth/danishcontroversy/more-stories/10020109. html。

德进行嘲讽。这种行为被认为是对伊斯兰教的直接攻击和诽谤。

穆斯林反应如此强烈，是因为他们不理解、不尊崇言论自由吗？盖洛普的资料表明，穆斯林非常向往西方的言论自由。这场冲突，或"文化战争"的关键不在于民主或表达的自由，而是事关信仰、身份、尊重（或缺乏尊重）、公开的侮辱。正如法国的大拉比约瑟夫·西楚克（Joseph Sitruk）在卡通事件的争论当中对美联社所言："贬低宗教，羞辱并嘲讽他们，我们什么都得不到。这是诚实和尊重的缺失"。他进一步说，言论自由"并非是一项毫无限制的权利"。①

许多英国人和法国人都对此表示同意。盖洛普公司在两国的抽样调查表明，57％的英国人和45％的法国人都认为，不能以保护言论自由为理由允许报纸刊登先知穆罕默德的图片。不过两国同时也分别有35％和40％的人同意这么做。英法两国公民甚至更强烈地反对在言论自由的名义下潜在的其他表达：两国超过75％的人口反对以保护言论自由为由刊载调侃犹太人大屠杀的漫画，两国约有86％的公众认为也不应该刊载种族诋毁的漫画。显然，对许多欧洲人来说，言论自由是有条件的和微妙的，并非完全绝对的自由。

---

① 巴扎克（I. Barzak），2006年2月2日，"伊斯兰世界对先知穆罕默德漫画的抗议升级"（Protests over Prophet Muhammad cartoons escalate in Islamic world），美联社，2007年9月18日摘自《律商联讯》。

漫画事件依然被看做西方自由社会中的绝对言论自由权与穆斯林世界的暴力不宽容之间的冲突。这种定义使双方不具代表性的群体主宰了争论，忽略了双方中呼吁推进穆斯林和西方社会之间关系和理解的温和派的声音。不经意间，宗教极端分子和一些独裁者把这场争论玩弄于股掌之间，他们都指责西方民主是反宗教的，不可能与伊斯兰教和平共处，这又给排外主义者和患"伊斯兰恐惧症"的专家们更多的理由去作类似断言。

　　美国决策者和知识分子总是拿冷战与当前的"全球反恐战争"相对比，并建议运用相似的战略，因为两场冲突说到底都是关于人们的头脑与心灵之战。但是在关注相同点的同时，我们也应该注意这两次冲突的重大区别，并且不应该混淆这种区别：冷战主要是使人们相信，共产主义是坏的，美国式民主是好的。但是当前的战争不应该表现为诽谤伊斯兰教或者把伊斯兰教排除在世俗民主之外。因为正是这种感受激发了极端主义情绪，并疏远了那些希望兼容民主与伊斯兰价值观的主流穆斯林。

　　冷战是要把压迫性的共产党政府赶下台，比如东欧，这里的统治精英根本不受民众的拥护。而当前的战争，有时则需要支持、利用不受拥护的压迫性政府，使其作为反对恐怖主义的防线。具有讽刺意味的是，正是这种支持与利用激起了对美国的更大敌意，使暴力极端主义者获得了更大的力量。更重要的是，有人声称"牛仔裤和《花花公子》"与强大的军事威慑力共同摧毁了苏联。与此形成鲜明对比的是，正是美国的军事力量与流行文化，使穆斯林感受到了威胁，而极端主义者从中渔利，得到支持。简而言之，在冷战中起正面作用的许多因素，在这次冲突中则起到相反的作用。

> 有些观察家对丹麦的漫画事件与 1965 年的"瓦兹暴乱"，一个由于美国自身的文化关系冲突引发的事件，进行了对比。

相反，另一种对比似乎更为恰当，即把美国的民权斗争——美国在国内"文化冲突"中的失败与收获——与漫画事件加以对比。有些观察家对丹麦的漫画事件与 1965 年的"瓦兹暴乱"（Watts riots），一个由于美国自身的文化关系冲突引发的事件，进行了对比。以种族关系的类似视角观察漫画事件的争论，会揭示某些深刻的洞见。在这两个事件中，暴力活动的爆发都是对被外界视为"不起眼的小冒犯"的反应。在"瓦兹暴乱"中，黑人社区中的白人警察拖打他们认为是酒后驾驶的两位黑人男性。在漫画事件中，首先是一家丹麦报纸，然后是其他欧洲报纸刊登先知穆罕默德的漫画，将伊斯兰教最受人尊敬的人物描述为恐怖主义者。

据官方报告，瓦兹事件的结果是 34 人被害，1000 多人受伤，4000人遭到逮捕。[①] 600幢建筑被毁或彻底破坏，造成的经济损失约有3500万美元（略多于现在的1亿5000万美元）。[②] 许多物质损失被界定为商业损失，这就促生了邻里之间的怨恨，因为他们感到黑人受到了不公正对待。

1967年，林登·约翰逊（Lyndon B. Johnson）总统设立了科纳委员会（Kerner Commission），负责调查这一系列种族暴力事件。该委员会指出了"导火索"（小冒犯）与"起因"之间的区别。委员会发现了众多问题，这包括贫穷、工作歧视、住房歧视、教育不平等以及部分执掌强权而富裕的美国白人对无权且贫穷的美国黑人所持的深深的种族歧视与不尊重。所有这些都借白人警察对待黑人的行为而体现出来。

暴力事件及科纳委员会的报告出台以后，事情有了一些进展：委员会发现的各种不满受到更多的关注，并未因人们选择暴力对抗的方式就无视这些不满。明显的变化主要出现在两个领域。首先是政策：通过立法或修改某些法律来解决这些问题，如1968年的《民权法案》（*Civil Rights Act*）禁止房屋销售、租赁、贷款方面的歧视。其次是更强的文化敏感性：媒体中使用具有种族主义色彩的黑人形象逐渐不为社

---

① 兰兹柏格和瑞特曼（M. Landsberg & V. Reitman），2005年8月11日，"瓦兹暴乱：40年之后"，（Watts riots：40 years later），《洛杉矶时报》（*The Los Angeles Times*），2007年9月18日摘自 http：//latimes. com/news/local/la-me-watts11aug11，0, 7619426. story? coll = la-home-headlines。

② 威廉姆森（S. Williamson），2006年，"计算美元相对价值的五种方法"（Five ways to compute the relative value of a U. S. dollar amount，1790—2005），估价网（MeasuringWorth. com），2007年9月18日摘自 http：//www. measuringworth. com/calculators/compare。

会接受。如，1966 年哥伦比亚广播公司撤销了重播《阿莫斯与安迪》（*Amos 'n' Andy*）的节目计划。该节目自 20 世纪 50 年代以来一直遭到"全国有色人种进步联合会"（NAACP）的反对。同样重要的是，媒体更多发出建设性的声音，如马丁·路德·金牧师的演讲，而不再强调那些极端主义的观点，如黑豹党（Black Panthers）的奠基者之一勃比·席勒（Bobby Seale）等人的演讲。

全国有色人种进步委员会抗议对黑人进行带有种族歧视倾向的描绘，是因为他们不珍视言论自由吗？暴动者愤怒，是因为他们不理解交通法规的价值吗？美国媒体的相应改变和政府对暴力的"让步"，是受到特殊利益集团恐吓，或是美国民主和言论自由弱化的标志吗？有些人可能会认为如此，但另一些人则将此视为美国民主包容性自然的、渐进式的进步。也正是这些进步才使今天的美国成为一个更为美好的地方。

现在让我们看一看美国国内对丹麦漫画事件的反应。根据 2006 年盖洛普的调查，大多数美国人（61%）认为，这场争论主要是因为穆斯林对不同观点的不容忍，而不是西方人不尊重伊斯兰教；有趣的是，在那些据称密切关注这一事件的人士当中，这一比例甚至更高（73%）。① 但是，正如前面我们所讨论的那样，许多穆斯林认为他们是赞赏西方言论自

① 摩尔（D. Moore），2006 年 2 月 14 日，"公众批评欧洲报纸刊登穆罕默德漫画"（Public critical of European newspapers showing Mohammed cartoon），《盖洛普新闻服务》（*Gallup News Service*），2007 年 12 月 27 日摘自 http://www.gallup.com/poll/21417/Public-Critical-European-Newspapers-Showing-Mohammed-Cartoon.aspx。

由原则的。并且，全球穆斯林国家中的绝大部分人认为，如果让他们为一个新国家起草宪法，他们会确保言论自由——这个言论自由的定义是允许所有公民表达他们对当前政治、社会和经济问题的看法。然而，就像瓦兹事件及美国民权运动中其他城市的斗争一样，穆斯林们的愤怒并不是因为他们不理解言论自由原则的价值。他们的愤怒更多是关于谁来实施这些原则？以何种方式实施？以何种动机、针对何人？

例如，一位巴勒斯坦抗议者告诉半岛电视台的记者，欧洲的言论自由具有双重标准，因为在德国否定大屠杀是违法的。他说："冒犯穆斯林没问题，但冒犯犹太人却不行。"另一位网络日志作者写道：如果个人表达的自由在欧洲如此受到珍视，那么为什么不扩展到允许女孩子有穿她们想穿的衣服的自由？包括在法国的公立学校中戴头巾？① 还有些人提出，同是负责这幅漫画的那位编辑，却拒绝刊登亵渎耶稣的漫画。此人在电子邮件里对漫画作者解释说，因为这样会遭到保守派读者的"强烈抗议"。

> 很清楚的是，不论是在民权暴动中还是在穆斯林世界的暴动中，所抗议的不仅仅是引发抗议的"导火索"。

① BBC 新闻，2003 年 12 月 23 日，《学校应该禁止伊斯兰头巾吗？》(*Should Islamic headscarves be banned in schools?*)，2007 年 9 月 18 日摘自 http://news.bbc.co.uk/1/hi/talking-point/3343437.html。

不管一个人同意这些论点，还是只把它们看做"不同的事件"而予以否认，很清楚的是，不论是在民权运动的暴动中还是在穆斯林世界的暴动中，所抗议的不仅仅是引发抗议的"导火索"。从美国民权斗争中所获得的教训，有助于阐明如何沟通美国与穆斯林世界的分歧。这需要在两个主要的领域进行改变：一是文化敏感性，二是倾听并理解其他人的观点。

## 文化敏感性

### 教皇本笃十六世与伊斯兰教

2006 年 9 月 12 日，教皇本笃十六世在德国雷根斯堡（Regensburg）的一所大学发表演说，引起了国际反响，招致穆斯林世界对他的抗议。令人吃惊的是，他的演讲稿有八页之多，其中只有四段文字是关于伊斯兰教的。① 教皇作为最重要、最具影响力的基督宗教领袖也公然诽谤伊斯兰教和先知，虽然事后对冒犯穆斯林表示了遗憾，却没有道歉，这恶化了丹麦漫画事件所引发的局势。

摩洛哥撤回了其驻梵蒂冈的大使；从土耳其到印度尼

---

① 梵蒂冈出版社（Libreria Editrice Vaticana），2006 年 9 月 12 日，《与科学的代表相遇：圣父的演讲》（*Meeting with the representatives of science: lecture of the holy father*），2007 年 9 月 18 日摘自 http://www.vatican.va/holy-father/benedict-xvi/speeches/2006/September? documents/hf-ben-xvi-spe-20060912-university-regensburg-en. html。

西亚的各国领导人发出了批评的声音；埃及的宗教领袖，
艾资哈尔的长老批评教皇对伊斯兰教的无知；各穆斯林组
织的领袖也要求教皇公开道歉。

> 世界各地一百多位著名穆斯林学者和领袖，
> 联名给教皇写了一封公开信，说明他演讲中的事
> 实性错误。

　　世界各地一百多位著名穆斯林学者和领袖，联名给教
皇写了一封公开信，说明他演讲中的事实性错误:[①]

　　　您提到:"根据专家的意见"，以"宗教绝无
强迫"（黄牛章:2:256）为开始的一节经文，
是穆罕默德早期"仍处在无权和受到威胁的情况
下"接受的启示。这是错误的。事实上，大家公
认这句话是在年轻的穆斯林社团处于政治和军事
上升阶段得到的《古兰经》启示。
　　　我们想指出，"圣战"是伊斯兰语境中并不
存在的词语。必须强调的是，"吉哈德"意为奋
斗，尤其指为真主之道进行奋斗。这种奋斗可能

---

　　① "给教皇本笃十六世的公开信"（Open Letter to Pope Benedict XVI.），2006
年，《伊斯兰杂志》（Islamica Magazine），2007年9月18日摘自http://www.islami-
camagazine.com/issue18/openletter18-lowres.pdf.

采取多种方式，包括使用武力。虽然从神圣理想的意义指向上来说，"吉哈德"也许是"神圣的"，但它并不必然是"战争"。

您认为，"（拜占庭）皇帝自然知道后来发展出的、并记录在《古兰经》里的与圣战有关的启示"。然而，正如我们此前关于"宗教绝无强迫"所指出的，这些启示根本不是后来才有的。并且，皇帝关于暴力强迫皈依的声明也说明，他并不了解这些启示当时是什么以及一直是什么。

教皇的演讲导致了公共抗议，巴基斯坦人焚烧教皇画像，针对基督徒和教堂的暴力行为时有发生。暂且抛开极端主义者不论，为什么在主流穆斯林群体中有那么多的人关心这些问题呢？

我们应该在"许多穆斯林感觉他们受到围困"这样的全球背景下，来理解穆斯林的反应。针对卡通事件的争论和教皇的言论，穆罕默德·里扎·贾玛里（Mohammad Reza Jamali）在伊朗的一家报纸《雅完》（*Javan*）上作了如下评论：

如果我们仔细观察一下局势，就会发现不但殖民时代及其影响没有终结，而且更令人惊讶的是，殖民者又在新的伪装下开始劫掠世界上被压迫人民的物质和精神资源。当今殖民主义的最大障碍就是源自伊斯兰教学说的伊斯兰觉醒浪潮。正是由于这个原因，在他们新的劳动分工中，殖民者才将伊斯兰教作为目标，侮辱神圣的伊斯兰信条。

最近教皇侮辱性的言论，以及数月前侮辱性的漫画都是服务于这个目标。如果穆斯林和所有热爱和平的人们不爆发出强烈的抗议，不谴责这些行为，那么类似的事情预计还会增多。

丹麦漫画事件后巴基斯坦的抗议活动

资料来源：晏琼英摄

理解穆斯林的民意，是阻止当今世界冲突的关键，也会使预测和避免不必要的冲突变得较为容易。如果我们将本笃十六世在雷根斯堡的演讲，以及丹麦卡通事件，置于盖洛普民意调查中穆斯林的回答这一背景当中，那么穆斯林的反应是可以预见的，冲突也是可以避免的。

**华盛顿街头什叶派宣传自己文化的游行**
资料来源：晏琼英摄

## 西方与穆斯林世界

> 问题的核心在于，有一种倾向认为一个铁板一块的西方与另一个铁板一块的穆斯林世界相对抗。

问题的核心在于，有一种倾向认为一个铁板一块的西方——一个以民主、人权、性别平等、政教分离（世俗主义）来定义的、有凝聚力的单位——与另一个铁板一块的穆斯林世界相对抗。两者具有截然不同的价值观和理想，不可能和谐共存。

西方国家显示出巨大的差异性。美国社会中宗教的强势地位与巨大作用和欧洲国家中宗教的没落，如英国、法国、德国和斯堪的纳维亚半岛诸国显著不同。美国的政教分离与英国、德国和挪威等国中仍然存在国教、或国家支持某些宗教机构的状况形成鲜明对比。可笑的是，美国公众比欧洲公众的宗教性更强（例如，68％美国人认为宗教是他们生活的重要组成部分，而只有28％的英国人这么认为）。同时，在法律规定下实行政教分离的美国，多数人（55％）支持圣经作为法律的"渊源"这一观点——其中有9％的人认为圣经应该是"唯一渊源"。

其他方面的差异表现在欧洲国家参与伊拉克战争的分歧上。美国和英国的参战与其他主要盟国，如法国、德国不支持的态度，西班牙与意大利的初始支持、而后在压力下撤军的态度形成鲜明对比。最终，西欧国家与穆斯林世界在否定美国领导地位的问题上基本达成一致：68％的德国人，67％的法国人，甚至52％的英国人都不承认美国的领导地位，这与62％的约旦人，53％的土耳其人相差不大。

穆斯林国家之间也存在巨大的差异性——政治的、

经济的、文化的、宗教的等诸方面。正如前面所讨论的，在石油美元刺激下迅速发展的海湾富国，如卡塔尔、阿拉伯联合酋长国、沙特阿拉伯，与贫穷、动荡、欠发达的国家，如马里和也门，几乎没有可比性。像伊朗这样的伊斯兰共和国与具有强烈世俗倾向的埃及与叙利亚形成鲜明对比。阿拉伯或穆斯林国家间存在着长期斗争与冲突的历史：萨达姆统治下的伊拉克与伊朗对抗、与海湾诸国对抗；埃及与苏丹的冲突。我们也忽视了穆斯林中巨大的文化差异：只有不到四分之一的穆斯林是阿拉伯人；大多数穆斯林是亚洲人或非洲人。最后，逊尼派穆斯林与什叶派穆斯林中间还存在巨大的宗教差异。尽管两派有着共同的伊斯兰信仰，但他们有着非常关键的神学和政治差异，其宗教倾向从极端保守派到自由改革派一应俱全。

结论是不是很令人惊讶？全球的穆斯林与其他的信仰群体一样，存在着地缘、种族、语言和文化的多样性。

更令一些人惊讶的是，甚至在某些价值观上，穆斯林也显示出巨大的多样性。例如，只有27%的约旦人和33%的沙特人认为离婚"不道德"，而持同样观点的埃及人和孟加拉国人则分别占46%和92%。穆斯林中的这种差异不但说明穆斯林作为拥有不同文化和规范的人群，他们之间的差异是多么巨大，并且证明伊斯兰教不同思想流派之间的丰富多样性，不同的派别在离婚的事情上也持不同的看法。

## 穆斯林与西方：共同的关注

与预设的差异相比，我们发现穆斯林世界与西方也有许多共同点，这些共同点粉碎了诸多虚构。众多美国人和穆斯林都认为，在《圣经》或伊斯兰教法指导下的宗教，是或者应该是各自社会的支柱。双方的多数人都承认宗教在公共生活中的重要性、在维护家庭价值中的重要性。双方都关注自己的经济发展、就业工作，以及是否有能力养家糊口。双方都关注科技，珍视民主，关注广泛的政治参与、言论自由及社会公正的重要性。双方都极力支持清除极端主义。

## 美国人理解穆斯林吗？

不幸的是，美国人对穆斯林的感觉或看法与前述的资料并不一致：

- 54% 的美国人认为穆斯林的宗教信仰太极端。差不多一半的人认为美国穆斯林对美国不忠诚。
- 将近四分之一，即 22% 的美国人不想与穆斯林做邻居。正如我们已看到的，32% 的美国人认为穆斯林世界没有什么值得他们羡慕的方面。25% 的人承认他们只是"不了解"。

更令人惊讶的是，尽管（也许是因为）现在媒体上充斥着对穆斯林世界的大量报道，美国人却自己承认他们对穆斯林的想法之了解自 2002 年到 2007 年并没有发生变化。[①] 多数人（57%）认为他们对"生活在穆斯林国家的人们的信仰和观念"不了解或知之甚少。有趣的是，越是自以为了解穆斯林国家的美国人，他们对这些国家持正面看法的可能性越大。在关于了解穆斯林的问题上也出现相同的趋势：那些至少认识一位穆斯林的美国人，更有可能对穆斯林和伊斯兰教持积极看法。[②] 美国人认为，他们最不喜欢穆斯林世界的极端主义、激进主义、对外部的思想缺乏开放的心态，以及性别不平等。

> 越是自以为了解穆斯林国家的美国人，他们对这些国家持正面的看法的可能性越大。

在上述两个问题上，穆斯林有着相当一致的看法，他们也谴责"少数激进派"以及"缺乏对其他思想的开放心

---

① 莫格海德和纽波特（D. Mogahed & F. Newport）2007 年 2 月 2 日，"美国人：穆斯林国家的人对美国有负面看法"（Americans：people in Muslim countries have negative views of U. S.），《盖洛普新闻服务》（*Gallup News Service*），2007 年 12 月 27 日摘自 http：//www. gallup. com/poll/26350/Americans-People-Muslim-Countries-Negative-Views-US. aspx。

② 萨阿德（L. Saad），2006 年 8 月 10 日，"反穆斯林情绪相当普遍"，《盖洛普新闻服务》，2007 年 9 月 27 日摘自 http：//www. gallup. com/poll/24073/AntiMuslim-Sentiments-Fairly-Commonplace. aspx。

态"是自己社会中最不让人欣赏的方面。然而，在穆斯林社会的性别不平等问题上，穆斯林与美国人的感觉却大相径庭。对占人口一半的穆斯林妇女的调查表明，几乎没有人对自身社会中的这个问题提出批评。指责伊斯兰教虐待妇女是一种失策，这疏远了那些本来会支持结束暴力行为和压迫妇女的人，却增强了那些人的力量，他们以捍卫伊斯兰教、与仇恨和想要破坏伊斯兰信仰的西方对抗为名义，反对给予妇女权利。

## 那么，他们为什么恨我们？

正如我们的资料证明的，普遍的愤怒与反美思潮存在的基本原因并非文明的冲突，而是美国对穆斯林世界外交政策的结果。

- 穆斯林认为西方各个国家以及它们的领导人之间是存在区别的：美国/布什、英国/布莱尔不同于法国/希拉克、德国（盖洛普做这项调查时布莱尔与希拉克仍在执政）。
- 对美国和英国的负面看法与对法国和德国的正面看法形成鲜明对比。对主要的穆斯林国家的民调显示，75%的受访者将美国与"残忍"一词联系起来（相比之下认为德国和法国"残忍"的仅有13%）。

- 西欧诸国对美国所持的看法与穆斯林的观点相同。

因此，我们需要将"西方"和"穆斯林世界"分解为个体的、彼此区别的国家，这些国家的处境和冲突应该归因于特定国家及特定领导人的特定政策，尤其是美国。对穆斯林了解越多的美国人，越有可能对他们持正面看法，而穆斯林对美国政府的看法上正好相反。对美国的外交政策新闻越是关心的穆斯林，越有可能对美国政府持负面看法。[①]

## 彼此的误解："他们完全不关心"

对彼此的看法、或者准确地说是误解，进一步加剧了"西方"与穆斯林国家之间态度的分歧。双方都有很多人认为对方并不关心彼此的关系。然而，资料显示双方只有少数人对改善西方与穆斯林社会之间的关系漠不关心，这说明彼此之间存在着"无知"的冲突而不是文明的冲突。

对"你最不喜欢穆斯林的是什么"这个问题，美国人给出最多的答案是，穆斯林不积极成为外部世界的一部分，或者不积极与外部世界建立联系。但是，与此形成鲜明对比的是，穆斯林受访者谈到自己的社会时，最常说的一句话就是"希望与西方改善关系"。

---

① 《盖洛普民意调查编辑》（*Gallup Poll Editors*），2002 年，"2002 年盖洛普伊斯兰世界民意调查：对订阅者的报告"（The 2002 Gallup Poll of the Islamic World：subscriber report），盖洛普公司（Princeton，New Jersey：Gallup，Inc.）。

> 尽管许多穆斯林认为西方并不关心与他们改善关系，但是只有11%的美国人认为西方与伊斯兰世界改善关系与自己无关，这与穆斯林普遍认为的"美国人冷漠无情"相矛盾。

在大多数被调查的国家中，关切"西方文化与穆斯林文化之间更好地相互理解"的人所占的比例远远高于认为与自己无关的人所占的比例。在某些国家，如沙特阿拉伯、摩洛哥和黎巴嫩，密切关注之与认为无关紧要的人达

挪威奥斯陆一个新清真寺和学术中心启用开幕会上

资料来源：muslimphotos.net-Photos from Muslim locations from all over the world 提供

到了 2:1 的比例。同样，尽管许多穆斯林认为西方并不关心与他们改善关系，但是只有 11% 的美国人认为西方与伊斯兰世界改善关系与自己无关，这与穆斯林普遍认为的"美国人冷漠无情"相矛盾。

## 应该怎么办？

多数美国人认为改善与穆斯林世界的关系与自己密切相关，必须加强双方之间的交流。同时，他们也表明并不知道对穆斯林有何期待。当问及穆斯林和美国人"怎么才能改善关系"时，双方最常见的回答的是"不知道"或"没有"，这显示出双方都有的挫折感。

为改善关系推荐途径的美国人强调，要改善双方关系必须改变穆斯林对西方的看法或误解（发展教育和通信），或者纠正穆斯林的行为（控制或制止极端主义者）。美国人改善关系的解决方案到此为止，他们对美国外交政策需要反思只字未提，但是对"西方与穆斯林国家之间的所有分歧是彼此文化误解和穆斯林极端主义的一个方面"这一命题似乎有所思考。根据 2007 年 1 月盖洛普的调查，80%的美国人认为穆斯林国家的居民对他们有负面看法，多数人（57%）认为，这是因为穆斯林对美国行为的"信息不对称"造成的，而只有 26% 的人认为这是美国实际的所作所为造成的。这一比例自 2002 年 3 月以来有所下降，当时几乎 80% 的人认为信息不对称是招致穆斯林憎恨的根源。

穆斯林也强调，西方与穆斯林世界的所有分歧都是缺乏理解和相互尊重造成的，但是他们还加上一条：改变现状需要"双方"调整行为和政策。然而，与"他们痛恨我们的自由"命题所预测的结论相反，穆斯林并不主张或坚持要求以西方文化或社会准则的改变作为改善关系的途径。虽然他们认为社会道德的堕落是西方最令人憎恶的一方面，但他们并不把纠正这一点视为改善关系的途径。相反，他们希望西方对伊斯兰教表示更多的尊重，同时强调与政策相关的一些问题：

- 采取实际政策帮助穆斯林各国发展经济。
- 停止干涉穆斯林国家的内政，不再向穆斯林国家强加美国的信仰和政策。
- 特别是阿拉伯国家，要求对巴勒斯坦采取公正的立场。

　　与美国人相比，穆斯林的确建议改变"自己这一边的"行为，从而改善与西方的关系，这包括："尊重西方的积极思想与价值，如言论自由、宗教自由"；"减少/控制极端主义和恐怖主义"；"穆斯林的思想应该现代化，对西方积极的思想敞开大门，取其精华，去其糟粕"。被调查者认为，西方对穆斯林的政策，是受西方对伊斯兰教的不尊重及剥削性的经济与政治议程所推动，至少部分如此。因此，他们认为对穆斯林来说重要的是，要把"改善伊斯兰教的表现"

作为可行的方法改善与西方关系，也许这也是穆斯林这边在
要求西方"尊重伊斯兰教"时自己应该做的。

另一方面，由于美国在世界上一超独大的国际地位，
美国在穆斯林—西方关系中表现出潜在的、危险的自鸣得
意。38%（相当大的一个数字）的美国人认为，他们不知
道如何改善穆斯林—西方关系，或者认为根本无法改善彼
此关系。与此同时，与通常观点相反，相当多的穆斯林并
不是简单地责备西方。穆斯林受访者认为，制止极端主义
和恐怖主义的责任首先是穆斯林世界的责任。

## 将伊斯兰教作为问题的根源？

有些西方人提议说，伊斯兰教是问题的根源，西方需
要与之战斗、或者培育"温和的"伊斯兰教来击溃反美主
义，战胜对现代化的抵抗，推动民主与人权事业。这种说
辞恰恰疏离了穆斯林多数，而他们正是西方与宗教极端主
义和全球恐怖主义作战的盟友。这种策略会导致不明智的
外交政策：支持世俗的独裁者及政权镇压所有反对派，包
括主流的世俗领袖和"穆斯林民主人士"；让社会中发挥
作用的主流伊斯兰政党边缘化；以"威慑"的军事政策推
动民主。这种策略还会导致有违公民自由的国内政策：任
意审查与逮捕穆斯林，监视清真寺，关闭宗教机构。最终
的结果就是向穆斯林证明，西方正在向伊斯兰教和穆斯林
开战。

> 　　伊斯兰教也可以作为让恐怖主义者失信，限制恐怖主义蔓延的有力武器。

　　问题已经不仅仅是伊斯兰教了，和基督教与犹太教是基督教和犹太教极端主义和恐怖主义的根源一样；是宗教在政治上的激进化促生出好战的神学。伊斯兰教也可以作为让恐怖主义分子失信、限制恐怖主义蔓延的有力武器。例如在印度尼西亚，那些谴责"9·11"事件的人引述宗教原则（"这违背真主的法度"，"真主不喜欢谋杀者"，"这不符合伊斯兰教"），或者引述人文主义原则（人类生命的丧失是一种悲剧，等等）来支持自己的观点，而那些认为"9·11"事件是正当的人却是以"政治上的不满"而非宗教的理由来支持自己的答案。

　　对绝大多数穆斯林来说（他们也是温和派），伊斯兰教是他们身份和获取指导的基本渊源，也是心灵和心理安全的来源。主流穆斯林也是恐怖主义的主要受害者，他们与西方人一样也关注极端主义、暴力与恐怖。他们甚至比西方人更坚定地认为，与极端主义斗争、实现社会的现代化乃自己的职责所在。尊重伊斯兰教将会鼓励温和的大多数以虔诚的宗教信仰为武器，利用《古兰经》的原则反对恐怖主义，让恐怖主义者放下武器。

　　将宗教视为问题的主要根源，会削弱宗教和文化的积极力量，掩盖我们共同的价值和共同的关切。对伊斯兰教的恐惧会让人相信存在一个铁板一块的伊斯兰威胁，需要西方以巨大的政治和军事力量来应战。因而，我们过分依赖武力的解决方案，这被许多穆斯林视为占领与控制的手段，而不是解放和民主化的努力，认为其本质是"重新划定中东和穆斯林世界的地图"。

将美国的政策视为一种新保守主义———一些声名显赫的新保守主义者已经号称要创造一个新美国世纪———的感受激发了全球范围的反美主义，恐怖主义者也利用这种感受招兵买马。这种感受还降低了美国在穆斯林世界、欧洲及世界其他地区的道德权威。最后，这种感受还使支持与美国改善关系的温和派穆斯林保持了沉默。

那么我们该怎么办呢？

## 公共外交：赢得头脑与心灵

盖洛普的全球民意调查不断地证明，改善关系的关键问题是"他者"的认识和感受如何，这不但影响而且需要体现在外交政策上。全球反恐战争主要在三条战线展开：军事、经济和外交。正如军事专家所言，军事力量只能抓捕并杀死恐怖主义者，却不能赢得头脑与心灵的斗争。今天许多人认为，需要一个关注战争意识形态层面的公共外交：理念之战，及外交政策的创新。

> 政府官员与政治家们在国内和国际政治中利
> 用和滥用宗教，经常谈论一些连穆斯林都闻所未
> 闻的东西。

政府、智库、军方过去都忽视了宗教与政治和外交的
关系，如今它们都有专门的机构、专家，召开专门会议和
开设相关课程，关注伊斯兰教和穆斯林的政治与文化。政
府官员与政治家们在国内和国际政治中利用和滥用宗教，
经常谈论一些连穆斯林都闻所未闻的东西。很少有人能把
结论建立在以数据资料为依据的分析之上——这些数据所
反映的是世界上大多数穆斯林的声音，对赢得头脑与心灵
的战役和政策至关重要。

# 结　　论

盖洛普的数据表明，宗教信仰并非造成极端主义的主
要因素，但同时，伊斯兰教的确仍是宗教、历史、国家和
文化认同的重要资源，因此仍处在聚光灯下。正如本书第
二章所说，世俗的和宗教的统治者及改革、反对派运动
（主流派与极端主义者）一直都利用宗教为自己的合法性
辩护，或作为招兵买马的旗帜，或作为动员群众的手段。
如同宗教仍是穆斯林社会组织网络的一部分一样，它也仍
是政治和社会变革的潜在力量。

正如我们已经看到的，我们的数据与穆斯林政治都证明伊斯兰世界存在一种基础广阔的渴望，渴望更广泛的政治参与、民主化，渴望责任政府和法治。然而，伊斯兰世界的主要忧虑在于，西方并非真正对穆斯林的自决感兴趣，而是希望扶持现政权，推动有自己标签的民主政治。从短期看，如果现在许多国家允许自由而公正的选举，那么真正的自决就需要民选的宗教政党和宗教领袖的参与。许多个人或政党将会更独立于美国的政策，不赞同美国的一些政策。然而，让人民和平地变革，自由地表达他们的不满，将会降低那些以主张暴力为唯一可能手段的人士的吸引力。而且，在尚不允许强大政党活动的国家，开放这些国家的政治体制，也会提供其他非伊斯兰教的选择。

将恐怖主义看做疾病的症状，将伊斯兰教看做疾病的根源，这种观点虽然在某些小圈子里很流行，却是有缺陷的，是会带来危险反应的严重冒险。这种观点证实了激进派的看法和忧虑，拉开了与温和的穆斯林多数派的距离，强化了"全球反恐战争的确是反对伊斯兰教的战争"这样的观念。不论是对激进派，还是对温和派，这一负面的态度都是一种普遍的感受。

穆斯林说他们最羡慕西方的科技与自由，而后又接着说是美国而不是法国、日本或德国拥有最好的技术与自由。这主要是因为西方总体上（特别是美国）被看做拥有"公平司法制度"的国家，能给予自己"公民许多自由"，并把自己描绘成人权领袖。但是，从美国对穆斯林的所作所为，例如关塔那摩、阿布格莱布的暴行和其他侵犯人权的行为，可以看出美国的人权是非常伪善的。

阿布格莱布丑闻发生时，埃及人告诉一位刚好在该国的美国外交官："我们可以想象我们自己的政府有这种行为，但不希望你们做这种事。"具有讽刺意味的是，也许是因为美国将自己的形象美化成穆斯林世界民主的旗帜，所以它的这些行为才引起如此巨大的愤怒。穆斯林的感觉是：你们美国是如何对待自己的人民的？你们违反自己的价值观，以这种方式虐待穆斯林，意味着你们的的确确鄙视我们和我们的信仰。

在联合国难民高级事务署(UNHCR)建立的**Yar Hussain**难民营内，一名男孩与大人们一起站在队伍中间等待领取配给

资料来源：http://bbs.2muslim.com/viewthread.php?tid=102324&extra=page%3D5&page=6

　　避免或结束穆斯林世界的严重冲突，要比在这里维持强大的军事存在更能有效保护美国的利益、限制全球恐怖主义的发展。盖洛普从穆斯林世界得到的数据并不能证明这样一种观点：在该地区维持强大的军事存在会赢得反恐战争。反恐的持久战不会在战场上取胜，只有赢得这一地区人民的忠诚才会获胜。而在逐渐增强对恐怖分子打击的同时，对穆斯林土地的军事占领增强了反美情绪，降低了美国在盟国中的道德权威，使原本希望改善关系的温和派也缄口不语。

　　因此，现在西方与穆斯林之间的冲突并非不可避免。这只是政策的冲突，并非原则的冲突。民意调查发现，尽管黎巴嫩经历了几十年的内战，并且战争基本上以信仰画线，但是黎巴嫩人对基督徒与穆斯林都有很高的评价（超过90％的人都给对方以正面的评价）。[①] 今天，民权运动之后还不到一代人，大多数美国黑人和白人都认为双方之间的关系是良好的。[②] 这些充满希望的例子说明，只要对冲突的根源有更深入的理解，改善不同人群之间的关系是可能的，其速度也是相对较快的，即使这些冲突已经持续了数个世纪之久。

---

　　① 皮尤全球态度研究项目，2002 年，"伊斯兰极端主义：穆斯林和西方公众的共同关注"（Islamic extremism: common concern for Muslim and Western publics），2007 年 9 月 18 日摘自 http://pewglobal.org/reports/display.php? ReportID=248。

　　② 盖洛普民意调查这一结论建立在 2007 年 6 月 4—24 日对 2388 名 18 岁以上美国公民的电话调查上，包括对黑人和西班牙裔人的抽样，这是因为考虑到他们在总人口中所占的比例，正因为结论是建立在对成年国人的总抽样上，因此可以有95％的信心说：抽样的最大误差幅度是 ±5％。

# 致　谢

　　我以约翰和我本人的名义，向下面为《谁代表伊斯兰讲话?》一书作出贡献的诸君致谢。本书汇聚了数百人的辛劳与智慧。

　　首先，我想感谢珍·埃斯波西托（Jean Esposito）博士为本书的问世所给予的巨大帮助。她的深刻洞见、战略性思考和分析及其耐心细致是我们工作组所有努力的基础。她是一位真正的合作者和共同创造者，至亲的朋友和伙伴。

　　我还想感谢我的先生和挚友穆罕默德·弗瑞达（Mohamed Foraida）博士，本书的面世离不开他的支持、奉献、耐心与热情。我还想将这种感激给予我的两个儿子塔里克（Tariq）和吉布里尔（Jibreel），是他们让我欢笑和梦想。

　　从个人与专业的角度，我要列出盖洛普团队的许多人员，他们帮助构建了本书中所呈现的庞大的研究基础。我们的主席兼执行总裁吉姆·克里夫顿（Jim Clifton），他的洞见与杰出领导使全球民意调查成为现实。我们的首席科

学家盖尔·穆勒（Gale Muller）博士，将我们倾听世界 60
亿人声音的梦想变成千百兆比特的资料。还有国际民意调
查的主任理查德·伯克胡德（Richard Burkholder），艾里
克·盖洛普（Alec Gallup），吉哈德·法赫瑞丁（Jihad Fa-
khreddine）等人，2001 年每个人还在说这是不可能完成的
任务时，他们与我们一起开始了这项重要的工作。

　　没有我们研究团队的巨大努力，想倾听 10 亿①穆斯林
的声音是不可能的。能与这个团队一起工作确实荣幸，他
们是世界上最优秀的科学家和方法学家。他们深入到地球
上最偏远的角落——到亚洲、非洲和俄罗斯最偏僻的乡
村，倾听人们的心声，而不是仅仅到交通便利的都市去调
查。向拉杰什·斯里尼瓦桑（Rajesh Srinivasan）博士、鲍
勃·托尔托拉（Bob Tortora）博士、内利·艾西波娃（Ne-
li Esipova）等人杰出而辛勤工作致谢。还要向佐尔特·尼
伊里（Zsolt Nyiri）博士在对欧洲穆斯林调查中的开创性工
作，以及法兰克·纽波特（Frank Newport）博士在美国公
众调查中的杰出工作表示感谢。

　　我们的分析团队在本书的成书过程作用非常关键。埃
里克·奥里森（Eric Olesen）、拉克沙·阿罗拉（Raksha
Arora）、马特·韦伯（Matt Webber）、林迪亚·萨阿德
（Lydia Saad）、海迪亚·穆巴拉克（Hadia Mubarak）、杰

---

　　①　现在学界一般认为，全世界穆斯林人口在 12 亿以上（并无权威机构的精确
统计数字）。——译者

弗·琼斯（Jeff Jones）博士、格兰恩·费尔普斯（Glenn Phelps）博士及其他人员，将他们的分析与洞见融入本书的探索之中。我们团队的资料研究人员：海迪亚·穆巴拉克、努拉·简达利（Nura Jandali）、亚斯敏·莫格海德（Yasmin Mogahed）、穆纳·莫格海德（Mona Mogahed）、保罗·斯科特（Paul Scott）等人，为本书提供了与数据相关的背景，这对本书的写作至关重要。

编辑、设计与出版的执行团队也很关键。拉里·埃蒙德（Larry Emond）把本书定义为：要告诉全世界的人 10 亿穆斯林的真正想法。彼德·祖斯基维茨（Piotr Juszkiewicz）博士为本书的出版做了杰出的工作。贝思·卡拉迪（Beth Karadeema）为本书做了非常优秀且可读性强的设计。朱丽叶·雷（Julie Ray）、杰弗·布鲁尔（Geoff Brewer）、凯利·亨利（Kelly Henry）认真编辑本书，并提出了良好的建议。

# 附录一:方法设计与抽样

## 方法设计

盖洛普民意调查使用两种主要的方法设计:

- 在80%及80%以上人口拥有固定电话的国家,运用电话随机跳号方式(Random-Digit-Dial,RDD)的调查方法,这一方法在美国、加拿大、西欧、日本和澳大利亚等国最为典型。

- 在发展中国家,包括大部分拉美国家、前苏联国家,亚洲几乎所有国家、中东、非洲国家,采用面对面访谈的方式调查。

盖洛普民意调查的总体调查思想主要包括如下方面:

- 抽样应代表各国的所有地区①，包括所有的乡村地区。

- 对于部分地区未能包括进抽样设计的国家，对其进行单独的基础评估，根据评估结果决定是否进行调查。

- 被调查人包括年龄在 15 岁及以上的所有个人。

- 面谈时间大约为一小时。电话访谈相对较短，约为半小时。

- 全球使用一套标准的问卷。

- 在进行面谈调查的部分地区，调查问卷中的问题根据每个地区的实际进行设计。如，用于严重负债的穷国，所提问题要提供关于千年发展目标（the Millennium Development Goals）的进展信息。

- 调查问卷翻译②成各国的主要语言。

- 对面谈指导者和面谈人，不仅仅按照调查问卷进行培训，还按照田野调查的工作程序培训。这种训练通常在某个地区集中进行。

- 运用质量控制程序确定抽样选择是否恰当，是否从每个家庭随机选出合适的人。对于调查人的随

---

① 有三种地区除外：调查人员的安全遭遇威胁的地区；某些国家人口稀少，且只有步行或以动物为运载工具才能到达的地区；中国。

② 翻译过程包括两个独立的翻译和一个反向翻译；由调查人员来裁夺其中的差异。

机选择，或按最近生日法（latest birthday method），或者按照基什网格法（Kish Grid）进行。

# 抽　　样

典型的世界民意调查在一个国家应该有 1000 份完整的问卷。不过，在某些国家，可能会在主要城市收集"过抽样"（oversample），如我们在莫斯科就多收集了 500 份访谈资料。

在进行面谈调查的国家，由"家庭群"（clusters of households）组成的基本抽样单位（Primary Sampling Units, PSU）人口列表是选择抽样的主要方式。基本抽样单位分类如下：

一、人口等于或超过 1000000 的城市

二、人口介于 500000—999999 的城市

三、人口介于 100000—499999 的城市

四、人口介于 50000—99999 的城市

五、人口介于 10000—49999 的镇

六、人口低于 10000 的镇/村庄

按比例将 PSU 分配到每层的人群中，一般在 125 个 PSU 的采样中，平均进行 8 次面访；每个 PSU 中的每个被采样家庭，进行一次面访。如果有 PSU 地图，则使用这些地图；否则必须为所选的 PSU 绘制地图。应用随机路线程序（random route procedures）选择样本家庭。除非直接遭

到拒绝，面访人员必须至少尝试三次调查样本家庭。如果遭到第一个样本家庭的拒绝，那么就选择其右边的家庭。如果再次被拒，再选择第一个样本家庭的左侧的家庭面谈。面谈的努力尝试可多达九次。

在电话随机跳号方式的调查中，至少每拨 5 个号码才能在一个家庭中联系上一位 15 岁以上的人。这种设计不分级，但是之后的其他过程和程序与面对面访谈设计的一致。

## 统计的有效性

第一轮数据收集在 2005 年年末至 2006 年进行。这次调查资料的统计误差率控制在有效的[①]范围内，即有效率是 95%。这意味着如果利用同样的程序进行 100 次调查，有效的调查有 95 次。如果样本大小为 1000 时，其 50% 的误差幅度为 ±3%。

因为本调查的设计采用了整群抽样的方式，不同问题的误差幅度有所不同，如果调查者要在存在误差的基础上做重要决定的话，他或她应考虑设计效果带来的误差幅度浮动的情况。设计效果说明相关回答的可能性以及初级抽样单位中抽取的家庭样本导致的误差增加。

---

① 假设其他方面的误差——如某些被抽样目标人员没有回答所造成的误差——是一样的。其他会影响调查有效性的误差包括，与问卷相关的度量错误，如翻译问题，还有覆盖率错误，即一部分或是多部分超过 15 岁目标人群被抽样调查的可能性为零。

# 全球民意调查国家（地区）列表

| | | |
|---|---|---|
| 阿富汗 | 加拿大 | 危地马拉 |
| 阿尔巴尼亚 | 乍得 | 海地 |
| 阿尔及利亚 | 智利 | 洪都拉斯 |
| 安哥拉 | 中国 | 匈牙利 |
| 阿根廷 | 哥伦比亚 | 印度 |
| 亚美尼亚 | 哥斯达黎加 | 印度尼西亚 |
| 澳大利亚 | 克罗地亚 | 伊朗 |
| 奥地利 | 古巴 | 伊拉克 |
| 阿塞拜疆 | 塞浦路斯 | 爱尔兰 |
| 孟加拉国 | 捷克共和国 | 以色列 |
| 白俄罗斯 | 丹麦 | 意大利 |
| 比利时 | 多米尼加共和国 | 牙买加 |
| 贝宁 | 厄瓜多尔 | 日本 |
| 玻利维亚 | 埃及 | 约旦 |
| 波斯尼亚和黑塞哥维纳 | 萨尔瓦多 | 哈萨克斯坦 |
| 博茨瓦纳 | 爱沙尼亚 | 肯尼亚 |
| 巴西 | 埃塞俄比亚 | 科索沃 |
| 保加利亚 | 芬兰 | 科威特 |
| 布基纳法索 | 法国 | 吉尔吉斯斯坦 |
| 布隆迪 | 格鲁吉亚 | 拉脱维亚 |
| 柬埔寨 | 德国 | 黎巴嫩 |
| 喀麦隆 | 加纳 | 立陶宛 |

续表

| | | |
|---|---|---|
| 马达加斯加 | 希腊 | 马其顿 |
| 马拉维 | 墨西哥 | 莫桑比克 |
| 马来西亚 | 摩尔多瓦 | 缅甸 |
| 马里 | 黑山 | 尼泊尔 |
| 毛里塔尼亚 | 摩洛哥 | 荷兰 |
| 新西兰 | 沙特阿拉伯 | 多哥 |
| 尼加拉瓜 | 塞内加尔 | 特立尼达和多巴哥 |
| 尼日尔 | 塞尔维亚 | 突尼斯 |
| 尼日利亚 | 塞拉利昂 | 土耳其 |
| 挪威 | 新加坡 | 乌干达 |
| 巴基斯坦 | 斯洛文尼亚 | 乌克兰 |
| 巴勒斯坦地区 | 南非 | 阿联酋 |
| 巴拿马 | 韩国 | 英国 |
| 巴拉圭 | 西班牙 | 乌拉圭 |
| 秘鲁 | 斯里兰卡 | 美国 |
| 菲律宾 | 苏丹 | 乌兹别克斯坦 |
| 波兰 | 瑞典 | 委内瑞拉 |
| 葡萄牙 | 瑞士 | 越南 |
| 波多黎各 | 中国台湾 | 也门 |
| 罗马尼亚 | 塔吉克斯坦 | 赞比亚 |
| 俄罗斯 | 坦桑尼亚 | 津巴布韦 |
| 卢旺达 | 泰国 | |

国家（地区）列表根据实际调查进程有所改变。

# 附录二:盖洛普全球民意调查之旅

　　"9·11"事件之后,盖洛普公司将其全球社会科学研究的专长与自身的管理咨询结合起来,创立了盖洛普全球研究所(Gallup Global Institute)。依据盖洛普基于数字分析的传统,研究所的第一项任务就是进行迄今为止世界上规模最大的社会科学研究——盖洛普全球民意调查。盖洛普全球民意调查是在130多个国家和地区正在进行的调查,其结论代表着世界95%以上人口的意见。盖洛普对穆斯林地区的民意调查,作为盖洛普计划的一部分,就是呈现在本书中的研究结论的基础。

　　盖洛普全球民意调查是一个自给自足的研究项目,其目的纯粹是为了研究,而非辩护鼓吹。盖洛普从来不曾为任何政党或组织做过调查,且永远不会。数据与分析的纯洁性与客观性,是盖洛普商业模式的基础、品牌的核心。

　　下面是盖洛普在创作本书的特别之旅中的几个亮点。

## 第 1 阶段：构想"不可能的事"

盖洛普全球民意调查的指导员理查德·伯克胡德——或者如盖洛普内部所称"我们自己的印第安纳·琼斯（Indiana Jones）"[①]一样——喜欢引用 2001 年 10 月路透社的文章："在那些以王室的绝对统治为常态、受到严格控制的国家里，系统的研究，比如出版关于政治观点的民意调查仍是被禁止的。这些社会与生俱来的保守思想意味着，即使开始进行这类研究，进程也是缓慢的。"

尽管各地的专家疑虑重重，盖洛普决定：这项工程太重要了，不能不试。

## 第 2 阶段：问卷设计——披荆斩棘

> "提出一个问题往往比解决一个问题更重要。而提出新的问题、新的可能性，从新的角度去看旧的问题，却需要有创造性的想象力，而且标志着科学的真正进步。"
>
> ——阿尔伯特·爱因斯坦

盖洛普未带任何预设进行了这次研究。研究人员谨

---

① 美国电影导演斯皮尔柏格所执导的系列惊险片《夺宝奇兵》的主人公。印第安纳·琼斯是一位博学多识、智勇双全的考古学家。他在历经险情之后，总能以胜利告终。——译者注

慎地避免将流行观点确定为"已知"。这好像是个微不足道的事情，但是调查问卷的设计却是一种审慎的艺术。因为提问必须尽量客观，研究人员必须明白他们对一个已知主题暗示性的先入之见，提出的问题要尽量避免不经意间误导调查对象。例如盖洛普在调查欧洲穆斯林时，问卷中没有设计"认为'一体化'是医治激进主义的万能妙药"之类的问题。相反，问卷问及可衡量各个维度的问题，让数据去揭示一体化与温和主义之间是否确实存在关联性。

这也就是说，写出恰当的问题所需要的并不仅仅是对科学严密的激情，在设计调查问卷时还要考虑两个重要的问题：调查对象所属国家的政府当局和调查对象本人。

吉哈德·法赫瑞丁注意到："涉入政治敏感领域，冒险无处不在。"法赫瑞丁是盖洛普在这一地区的合作伙伴，他参与设计了第一份调查问卷。"作为阿拉伯研究人员，我们明白调查的极限，但是我们想在本次调查中挑战一下这个极限。突破极限极为有趣，学术上的收获也大，从商业的角度上看也是如此。"

2001年11初，伯克胡德和法赫瑞丁在迪拜安营扎寨，日复一日地忙于设计调查问卷。他们小心翼翼，努力去预测政府官员担心的问题。他们关注受访者的世界观，让受访者明白调查的主要目标是要对其价值和信仰有更深刻的理解，这样他们便可以在坦率、不冒犯的背景中，以间接提问的措辞问及关于恐怖主义和西方的问题。

这一策略确实奏效——至少大部分情况下如此。在一些国家，最终确定的调查问卷没有遇到地方官员的麻烦。在另一些国家，官方也只是让对问卷稍作调整。沙特阿拉伯处在整个穆斯林世界精神核心的地位，它对本次调查极为关键。沙特官员尤其执著，坚持要求对某些关键问题进行调整，或者直接去掉。

"很晚才获得官方批准，并且是在萨米（Sami，泛阿拉伯研究中心主任）的一再坚持下才获批的"，伯克胡德说，"最终，他兴奋地从沙特阿拉伯的吉达机场给我打电话，告诉我们成功了。"

## 第3阶段："他们从来都不想与你谈话"

赢得调查对象的信任可能比获得各国政府的批准还要难。"棘手的问题是，如何设计合理的问卷使被调查者大胆地说出自己真正的想法"，伯克胡德说，"规避风险的方法就是直接说：'你们党的所有政策路线我也都是同意的。'"

研究人员为了解决这一问题，先从一些无关紧要的问题开始问起，如被调查者喜欢读什么书籍和报纸，然后逐渐推进，涉及对受访者比较重要的、关于价值观的一般问题，然后再问一些他们对西方价值体系的一般看法，最后问及他们对于西方具体问题的看法。"我们把最困难的问题留到最后问"，伯克胡德说。

据伯克胡德回忆，联军入侵之后，2003 年 7 月初他在巴格达调查伊拉克人的看法。他在绿区（Green Zone）①内与新上任的伊拉克官员会面，该官员告诉他："这里的人与世隔绝，你别想让他们与你谈话。"伯克胡德理解这句话的分量，开始有点泄气了，因为虽然他以为在伊拉克会有很高的拒访率，但未想过调查会毫无进展。这位官员离开后，偶尔听到他们谈话的一位新西兰人说："哥们，我不会太在意他刚才的话，他过去 20 年一直住在明尼波利斯（Minneapolis）②。"爱尔兰人是对的。这年夏天，经过努力，伯克胡德在伊拉克的受访率超过 95%（在美国，盖洛普的受访率超过 50% 就算是碰上好日子了）。

问及伯克胡德是如何成功的，他的回答倒不像调查研究人员，更像是心理学家："这是个建立信任的问题。不管你的问卷设计得有多精细，抽样计划有多完美，访谈人员多么训练有素，如果被调查者认为你不真诚，他们就永远不会对你敞开心灵。"伯克胡德解释道，当被调查者认识到你真的关心他们的看法时，他们才会说真话。正如他在黎巴嫩的一次访谈中所亲历的

---

① 伊拉克首都巴格达市中心的一块国际化区域，面积约 10 平方公里。海湾战争期间为联军临时政府驻地，现在仍是外国人士的主要居住区。伊拉克过渡政府称"绿区"为"国际区"。——译者注

② 美国一城市。——译者注

那样：

"贝鲁特贫民区有一位年轻妇女，大约30岁出头。她的丈夫不想接受访问，不停地打断她，对她指手画脚。调查人员非常礼貌地故意忽略他的存在，妻子终于明白我们只是对她的回答感兴趣。她对可自由回答的问题极其健谈。我们问了四五个关于生活意义的问题——如'家庭对你意味着什么？'她的回答是：'哦，就是生活。'我们问：'精神斗争对你意味着什么？''就是使生活成为可能的事情。'每一个问题她思索好长时间，所给的答案几乎富有诗意。听她谈话真是好极了。"

伯克胡德有没有觉得受到了威胁？在第一轮调查的九个国家中，科威特是其中反美情绪最强的。伯克胡德造访了几位受访者的家，在测试之前坐下来与他们谈话（伯克胡德在场的访谈不用于分析）。"作为西方人，要访问不易进入的街区是有点伤脑筋"，他说，"不过一旦你站在他们的角度看问题，他们都非常亲切，只是我觉得有点被迫跟他们套近乎的意思。"

然而，这里的居民似乎对痛恨西方政策与不尊重西方人作了严格区分。"从未有人敌视过我"，伯克胡德谈到他在科威特的旅行。"大家都知道历史上他们就是非常好客的人——离开他们家是不容易的！看他们接受访谈非常有意思。他们的回答非常有激情，因为他们是高度政治化的。"

伯克胡德还说，有些居民愿意说出自己与西方有联系。"我有点惊讶。有一次，我在一个确实非常难以进入的工人聚居街区，恰巧受访者是一位科威特人，但这里的其他人都不是。那一刻，他说：'这是我儿子；他出生在纳什维尔（Nashville）①'。我非常惊讶：'什么?'他说：'哦，实际上我的另一个儿子脾有毛病，政府给钱让我们治疗，所以我们就飞往美国做手术。我的另一个儿子就出生在那里。'"

但是，也有不断提醒他注意穆斯林世界和西方世界区别的时刻。伯克胡德记得这种感觉在黎巴嫩尤其强烈。"这是一次非常有意思的旅行，因为这里处在伊斯兰教与西方的断裂带上"，他说，"大约42%的人是基督徒，57%的人是穆斯林——他们生活在同一个政治实体内，但是15年前，他们还互相屠杀，贝尔法斯特（Belfast）②的战乱也相形见绌。你能看到建筑物上的弹痕。但是现在双方之间交往频繁，至少在职业领域内如此。这里已基本恢复常态。"

伊朗是少有的几个需要动用女性调查人员的国家之一——这是伊朗的保守文化使然。女性被调查者不能与男性调查人员谈话。"需要女性调查员与这些妇女进行访谈"，伯克胡德说，"女性必须与男性隔离开来，这表明伊朗的环境确实非常不同。"

---

① 美国田纳西州首府。——译者注
② 北爱尔兰首府。——译者注

### 第4阶段：让数字推动科研

一旦盖洛普得到了数据——难以计数的数据——研究人员的乐趣也就调动起来了：深入挖掘数字背后的价值，探索表面的纷繁复杂背后的规律。这些资料能帮助盖洛普揭开什么秘密？研究人员将注意力集中到对这些发现的深入分析上。首先，他们考察被调查的国家从2001年到2005—2007年间有哪些发展趋势，变化是什么？未变的是什么？他们观察所有的方面，从美国人的观点到个人的虔诚度。他们关注某个国家过高或过低的虔诚度，通过考察其他地区，竭力去发现背后的原因。他们调查那些明显矛盾的地方——资料显示两种事物好像彼此完全对立，而事实上却是一样的。

研究人员经常在互相矛盾的结论中发现最有价值的珍珠。例如，许多国家的妇女声称她们支持性别平等，并将此价值与西方相联系，但同时她们却不接受西方价值。对这一明显的矛盾的解答，会带来对许多穆斯林所理解的性别正义的深刻领悟：一方面穆斯林妇女相信性别平等，另一方面，她们又认为西方的道德放纵是妇女社会地位下降的标志。这意味着，将妇女解放运动与麦当娜的形象相联系，会让妇女们更加远离性别平等。

在盖洛普的研究中，研究者们**没有**发现的东西与他们的发现同样重要。例如：

- 盖洛普没有发现男女之间在支持宗教律法上存在明显区别。

- 在谴责恐怖主义的多数派与宽恕恐怖主义的少数派之间，双方的个人虔诚度没有明显区别。

- 宽恕恐怖主义的人，与大多数温和派一样喜欢西方的自由。

盖洛普向数据库提出问题，急切地寻求答案。例如，年轻人与老年人对西方的看法有何区别？（答案是：没有区别。）穆斯林世界谁最热爱民主？（答案是：受教育水平更高且宗教上更虔诚的团体，比既无文化又不信仰宗教者更热爱民主。）研究者们考察同一个国家内部、国与国之间、穆斯林人口占多数的国家与西方国家之间在人口统计学上的差异。

他们要对各种观点进行分类总结，如：谴责"9·11"恐怖袭击的人与宽恕的少数人之间的区别是什么？他们还运用复杂的统计技术确定一些事情背后的原因，如极端主义产生的原因，是贫穷造成的？还是无知、绝望或者宗教狂热？答案并非多种多样。

指导盖洛普分析的一个重要原则是谨防出现"耸人听闻的错误结论"。作为科学家，研究人员知道经常把他们的发现与"对照组"进行比较，看看穆斯林世界是否的确有自己的特色，或者有超越文化和宗教的情感存在？这非常重要。如果没有参照物他们又怎么知道何为"高"，何为"低"呢?他们经常以美国人口为参照物。例如,他们询问穆斯林国家居民关于袭击平民的道德合理性时,他们拿同样的问题问美国的抽样人口。他们发现了什么?穆斯林国家中对恐怖主义的支持率,并不比美国人的支持率高,并且支持率都毫无例外没有超过个位数。

而后,盖洛普试图将杂乱的数据变成连贯的故事——为现存的数据找到可能的解释。重要的是,盖洛普正是通过对数据直接推理来形成本书的观点的。盖洛普不是用研究去验证或证明一种理论;相反,它致力于从基础出发,直接从证据中构建主要问题的答案。

盖洛普认为每一个发现都是巨大照片中的一个未被发现的像素。随着研究人员从数据中发现的每一个问题,他们就发现了新的阴影,新的色点,逐渐地,直到他们靠后站,看到一幅清晰的图画出现在眼前。

## 第5阶段:分析得出惊人的结论:文化背景

一旦通过对数据的深入分析建立起连续的框架,就到了在文化背景中装扮这个框架的时候了。这一阶段由约翰·埃斯波西托教授和达丽亚·莫格海德(Dalia Moga-hed)领导。他们都是本书的作者,前者是伊斯兰教研究领域的顶尖专家,后者是盖洛普穆斯林研究中心(Gallup Center for Muslim Studies)的执行主任。这一阶段将数年的学术研究与田野调查经历相结合,给予本研究以文化上的分析。为什么这一分析重要或者令人惊讶?是什么导致穆斯林世界与西方出现这种局面？其核心问题是什么？盖洛普如何使这种分析在更广阔的穆斯林世界的文化背景中有意义？这些都是本阶段工作要回答的问题。这一过程的结论都蕴涵在本书的发现与洞见之中。

# 译者附录

考虑到一般读者对全球伊斯兰教的历史和现状可能不甚了解，我们对不同地区的伊斯兰教作了简短的介绍以飨读者。

## 伊斯兰教在中东

广义上的中东囊括整个西亚和北非地区。该地区幅员辽阔，能源储备丰富，战略地位十分重要。中东包括22个阿拉伯国家和5个非阿拉伯国家，除以色列、塞浦路斯外都是穆斯林国家。中东是人类文明最早的发源地之一，古埃及文明、两河文明在这里产生，它也是包括犹太教、基督教和伊斯兰教这三大一神教在内的众多宗教的发祥地。公元7世纪初，伊斯兰教开始在阿拉伯半岛兴起，不久便广为传播，最终缔造了人类历史上辉煌一时的伊斯兰文明。因此，中东是伊斯兰文明孕育和发展的摇篮，也是伊斯兰文明兴盛繁荣的中心区域。在当代，全球穆斯林国家已达50多个，穆斯林遍布世界各地，人口重心也从中东转移至南亚和东南亚地区（前几位的国家依次是印度尼西亚、巴基斯坦、印度、孟加拉国，占穆斯林总人口的60%左右，而中东地区只占20%），然而无论是在历史文化方面，还是在现实影响中，中东地区仍旧是伊斯兰文明的核心地带。

伊斯兰教在中东地区的兴起、传播与发展可分为几个大的历史阶段：

1. 先知和正统哈里发时代（610—661年）。这一时期是伊斯兰教的初兴阶段。大约610年左右，穆罕默德宣布他接受了真主的启示，成为传达使命、复兴一神信仰的最后一位先知。此后的20多年间，他历经坎坷挫折，建立并巩固了穆斯林的宗教社团，将新信仰逐渐传播开来。至632年他去世时，伊斯兰教已经确立了在阿拉伯半岛的统治地位。先知穆罕默德之后，四位圣门弟子艾布·伯克尔、欧麦尔、奥斯曼、阿里相继执政，史称正统哈里发。这一时期，伊斯兰教伴随着哈里发国家军事上的胜利而广为传布。初兴阶段的伊斯兰教充满活力，观念上简洁明了，实践上简单易行。宗教同社会生活水乳交融，很难区分何为宗教、何为世俗。正因如此，政治和权力斗争也往往涉及宗教问题或染有宗教色彩，这就为穆斯林社团的分裂和教派分化埋下了伏笔。至阿里执政，穆斯林内部已经出现教派分离的端倪。反对阿里的哈瓦利及派，以及追随阿里的人（什叶派雏形）就是在政治斗争的背景下从主流中逐步分化出来的。

2. 古典时代（倭马亚和阿巴斯哈里发王朝，661—1258）。这一阶段是伊斯兰教古典文明发展的鼎盛时期，哈里发国家跨欧亚非三洲，疆域辽阔，经济繁荣，文化昌明，为人类文明创造了辉煌的物质和精神财富。此阶段初期，由于新信仰的精神活力以及政权的激励性政策导向，帝国境内出现了大规模的改宗潮流。经过了两三百年的传播、发展、巩固和深化，整个帝国基本上完成了伊斯兰化的历史进程。这一时期，伊斯兰教也经历了教派的分化组合，以及宗教教义和学说逐步体系化和定型化的过程。从整体上看，伊斯兰教主要分为两大支系，即逊尼派和什叶派，其中后者又可分为：十二伊玛目派、伊斯玛仪派、栽德派。随着文化和科学的积累和发展，伊斯兰传统学科体系如圣训学、经注学、教法学、教义学等也得以建立、发展和完善，这为教派和学派的定型和体系化提供了理论支持。在逊尼派当中，人们根据所奉行的宗教律法的不同，可分为四大教法学派：哈乃斐派、马立克派、沙菲仪派和罕百里派。从教义学上看，逊尼派早期出现的学派有：盖德里叶派、穆尔及阿派、穆阿太齐勒派；后期则出现了艾什阿里派、塔哈维派、马图里迪派这三个被公认的正统学派。此外，在逊尼派和什叶派之中还存在着苏菲派这样的群体，它并非独立的教派，其特点是强调伊斯兰教的内在精神维度，侧重神秘主义的宗教体验。12世纪，苏菲主义被纳入正统信仰，此后，又出现了专门的组织机构——苏菲教团，如卡迪里教团、苏赫拉瓦迪教团、里法伊教团、契斯提教团等等。苏菲教团的成立为伊斯兰教在民间的深入发展提供了强大动力。

3. 蒙古入侵至近现代（1258 年—18 世纪末）。宗教教派和学派的定型和体系化，一方面推动了伊斯兰文明稳定持久的繁荣发展，另一方面也造成了某种封闭、保守和僵化。1258 年，蒙古人入侵中东，阿巴斯王朝覆灭。伊斯兰文明虽然遭受重创，但仍保持着一定的活力和适应力。不久，在中东的蒙古人接受伊斯兰教，最终被当地民族同化。其后，在伊斯兰世界又出现三个强大的国家：即奥斯曼帝国、伊朗的萨法维帝国、印度的莫卧儿帝国。这一时期，伊斯兰教最重要的特点表现为苏菲主义的普遍流行。苏菲教团的影响不仅深入民间，而且经常与政权结合在一起，如比克塔西教团、纳格什班迪教团等。在伊朗，随着萨法维王朝的建立，十二伊玛目什叶派被奉为国教，从此，伊朗逐渐转变为以什叶派为主导的伊斯兰国家。

4. 近现代时期（18 世纪末—20 世纪 70 年代）。这一时期是伊斯兰文明在欧洲现代资本主义文明的挑战和冲击下，进行变革、调整和适应的历史阶段。在近现代早期，出现了一系列以振兴伊斯兰教为宗旨的宗教社会运动：如阿拉伯半岛的瓦哈比运动、北非的赛努西运动、苏丹的“马赫迪”运动等。19 世纪后期，在统治集团以及官方宗教层面，则出现了以阿富汗尼和穆罕默德·阿卜杜为代表的泛伊斯兰和伊斯兰现代主义思潮，他们主张吸收现代思想，团结伊斯兰各个民族和国家共同抵御西方殖民主义的侵略。然而，这些都未能改变中东社会遭受殖民主义侵害的命运。20世纪前期，除了土耳其在奥斯曼帝国解体后建立民族国家，成功进行世俗化改革外，整个伊斯兰世界现代主义并未取得实质性成果，代之而起的则是新的伊斯兰复兴思潮。在埃及，哈桑·班纳建立了穆斯林兄弟会，该组织的思想和纲领对现当代伊斯兰运动的发展影响深远。二战结束，殖民主义在中东的统治逐渐崩溃，中东各国纷纷独立，民族主义一跃成为主导的意识形态。除个别国家外，各种伊斯兰思潮和组织大多处于边缘化的地位，影响力有限。然而，民族主义的发展模式在中东现代化进程中并未取得成功，一些国家因此而陷入动荡和混乱。加之战后阿以冲突急剧升温、阿拉伯国家政府丧权辱国，这些都极大地刺激了穆斯林宗教意识的复苏，为当代伊斯兰复兴运动提供了巨大的推动力。

5. 当代（1970年代至今）。中东当代伊斯兰复兴运动有许多显著的特点：多个运动中心，如伊朗、埃及、苏丹、沙特等；社会基础广泛，不仅包括中下层民众，而且包括很多具有高等学历的知识分子，非宗教背景的知识分子往往起着核心领导作用；表现形式多样化，有以官方上层为主的新泛伊斯兰主义，主要表现为各种泛伊斯兰组织的成立，如世界穆斯林大会、伊斯兰会议组织等。也有伊斯兰教的民间复兴，这是民众自下而上的自发运动，旨在通过复兴信仰来变革社会，抵御西方文化侵蚀。也有政治色彩强烈的伊斯兰主义，它认为伊斯兰不仅仅是宗教，而且还是社会制度。因此要真正复兴伊斯兰，就必须全面遵行教法，实施伊斯兰教的统治。尤其是1979年伊朗伊斯兰革命成功后，伊朗建立神权政体，极大地激发了伊斯兰主义的政治热情；宗教极端主义的出现，由于受到国内政府的打压，以及对西方霸权主义在中东国家所作所为的不满，一些个人和组织开始背离宗教固有原则，向极端主义甚至恐怖主义蜕变，主张用暴力和恐怖手段对付他们确定的敌人。2001年，"9·11"事件的暴发震惊了全世界，恐怖主义在利用伊斯兰教作为幌子的同时，也极大地损害了伊斯兰教在世人心目中的形象。需要指出的是，当代伊斯兰复兴仍处在发展演变和分化组合的过程中，其走向尚待进一步观察。然而，不容否认的是，伊斯兰尽管面临现代化和现代性的严峻挑战，但穆斯林中的有识之士依然义无反顾地探求着一条适合自身的发展道路。

（王希编译）

# 伊斯兰教在中亚

作为地理名词的中亚历史上是指以河中地区为中心，包括现在的中亚五国、阿富汗、伊朗、巴基斯坦北部、印度西北部和我国新疆，旁及高加索的大片地区，是"游牧世界和农耕世界的交合处，东西方文明的汇聚之地"。中亚地区最初没有统一的宗教。在伊斯兰教传入之前，中亚地区的居民信奉佛教、祆教、摩尼教等。

中亚皈依伊斯兰教经历了一个漫长的过程。早期可分为两个阶段：第一阶段始于649年奥斯曼入侵，到8世纪初期，阿拉伯帝国的军队进入中亚，在这里建立了统治。在8世纪中期以前中亚地区改宗的原因是阿拉伯人的武力、沉重的赋税和逃避当地统治者的严酷剥削。从8世纪后半期到9世纪初，伊斯兰教逐步成为中亚当地居民所信奉的主要宗教，布哈拉、撒马尔罕和花拉子模成了当时的伊斯兰文化的中心。整个河中地区成了伊斯兰世界的一个组成部分。第二个阶段是9到12世纪，这段时期伊斯兰教主要通过和平手段传播，商人和传教士沿着商路传播伊斯兰教起到主导作用，尤其是丝绸之路对伊斯兰教的传播影响重大。在这一时期，伊斯兰教不仅仅作为一种宗教知识而且作为一种生活方式在中亚打下永久的烙印。直到10世纪中期，伊斯兰教才在中亚各宗教中占据主导地位。而改宗则一直持续到19世纪。

在其后的几个世纪里，中亚的伊斯兰教同化了来自不同部落的突厥和蒙古统治者。13世纪初，成吉思汗统一蒙古各部落之后便开始向西扩张。中亚很快被纳入大蒙古帝国的版图。蒙古人实行宗教宽容政策，特别是对伊斯兰教持宽容和支持的态度。从13世纪60年代起，"随着蒙古大汗对中亚控制力的逐渐减弱和先进宗教文化影响的加强，中亚地区的蒙古统治者逐渐倒向伊斯兰教"。成吉思汗的后代铁木尔在位期间将伊斯兰教定为国教，修建了金碧辉煌的大清真寺和经学院。

19世纪60年代到1917年十月革命胜利，沙俄政府对中亚居民伊斯兰教信仰通常不干涉，实行怀柔政策，"在沙皇俄国，伊斯兰宗教界不仅是穆斯林民族的最高精神支柱，而且同时也是沙皇政府颇为重视的一支有组织的民族政治力量，还是一支经济力量——伊斯兰宗教机构掌握着属于清真寺的全部动产和不动产。"

苏联统治中亚时代，在政权建立的头十年间，苏维埃政权采取较为审慎的策略，在中亚实行了一些有别于俄罗斯、符合中亚实际情况的宽松政策和措施。但随着苏维埃政权的巩固，苏联开始了伊斯兰教的世俗化进程。在斯大林、赫鲁晓夫、勃列日涅夫在位期间，伊斯兰教都受到了不同程度的压制。其间，苏联有计划地大规模移民中亚等措施，更使得中亚的伊斯兰教势力长期衰微。

前苏联解体后，独立后的中亚国家伊斯兰教因其深厚的民众基础和建构新认同的需要走向了复兴之路。

从最早的时候起，伊斯兰教在中亚扎根的条件就主要决定于各地区的地理环境。中亚的地理环境形成两个即独立又彼此影响的社会：一个是布哈拉、撒马尔罕和费尔干纳这样的绿洲城市的定居民社会，一个是大草原和绿洲附近的部落民社会。伊斯兰教在绿洲的定居民中的传播卓有成效，在部落民中的传播则更多是表面和物质层面的。早期这主要是因为部落的区域过于广大，阿拉伯的征服者既没有足够的军队保障又缺乏传教士。而在绿洲城市中，先是阿拉伯人，然后是伊朗人和突厥人持续着伊斯兰教的统治。因此传入时间的早晚和生产生活方式的不同导致了中亚各国伊斯兰氛围的差异。

另外，历史上中亚是伊斯兰教苏非教团的重要发源地之一。从中世纪直至现代，苏非主义在中亚流行千年，"一部中亚苏非主义史，也就是一部中亚政治和思想文化史，也就是伊斯兰教在中亚的传播和发展史"。10世纪到13世纪苏非教团在使中亚游牧民族皈依方面发挥了巨大的作用。13世纪到19世纪纳克西班迪教团兴起后与当地的部落社会结构结合在一起，在政治、经济方面的影响力巨大，成为左右中亚社会的重要力量。19世纪后苏非受到沉重的打击，但是在民间仍然有巨大的影响力。

苏联解体后，中亚五国的伊斯兰教发展具有不平衡性。地处中亚南部的塔吉克斯坦、乌兹别克斯坦的居民接受伊斯兰教的时间早，而且是定居民族，受伊斯兰教影响大。由南到北，伊斯兰教的影响越来越弱。伊斯兰教传入哈萨克斯坦要比传入塔吉克斯坦要晚一个世纪，同时哈萨克人、吉尔吉斯人、土库曼人多从事畜牧业，逐水草而生的生产和生活环境不便于恪守严格的宗教生活，因此，哈萨克斯坦、吉尔吉斯斯坦的伊斯兰教气氛并不浓郁。

不过独立以来，在中亚五国建构自己的历史和国家认同的过程中，伊斯兰教无疑具有举足轻重的作用，加上穆斯林世界的推动，从官方到民间整个社会都呈现出宗教复兴的势头，从信教人数到清真寺和宗教团体的数量增长迅速。与此同时，伊斯兰教的各个思潮也都进入该地区，特别是伊斯兰教原教旨主义势力也随之增长，对世俗的政府构成威胁，也带了社会的动荡。

由于中亚独特而重要的战略位置、复杂的民族关系以及目前存在的经济和社会问题，加上外来的诸多影响，在未来相当长的时期，伊斯兰教在中亚各国都将是一支活跃的政治、社会和文化力量。

（晏琼英编）

# 南亚的伊斯兰教

南亚次大陆的西部地区在 711 年成为穆斯林帝国的一部分，这一年阿拉伯人占领了信德及其毗邻地区向北直到墨尔坦。1000 年左右中亚伽色腻王国的苏丹马茂德发起穆斯林对印度的第二次征服浪潮，拉和尔成为次大陆的第一个波斯化的穆斯林文化中心。伊斯兰教印度化的过程开始于德里苏丹国中期，在莫卧儿王朝阿克巴时期得到大力发展。

统治北印度的德里苏丹经过了五个王朝，他们全部是突厥阿富汗血统，而在南亚次大陆形成伊斯兰化的社会过程中德干、古吉拉特、马尔瓦、孟加拉国和江普尔等地方王国也起到了显著的作用。在苏丹国衰落时，他们在帝国外围保持了穆斯林政治统治的活力，在不同程度，他们联系并伊斯兰化了本地的观念、情感、传统和艺术形式。在这些地方王国的扶持下，地方语言得到发展，这使得传播思想的新工具得以产生。地方的君主们也扶持修道者，给予他们巨大资助。这样就普遍促成了地方贵族印度—伊斯兰文化的繁荣。

　　德里苏丹王朝的最后一个洛迪王朝在1526年被巴布尔的军队推翻，巴布尔奠定了莫卧儿王朝的基础，除了巴布尔的儿子胡马庸被阿富汗的统治者取代而出现短暂的空白外，直到1707年奥朗则布去世，莫卧儿人在南亚实行了完全的统治。随后一个世纪，王朝面对强大的地方军队，控制力时好时坏。1803年，莫卧儿最后成为英国东印度公司手中的傀儡，但是名义上一直存在到1857年英女王宣布直接管理为止。

　　1857年是南亚穆斯林社会现代化的起点。在现代化的过程中，南亚地区成为各种思潮激荡之地，给穆斯林世界贡献了杰出的思想家，如伊斯兰现代主义者赛义德·艾哈迈德·汉、泛伊斯兰主义者阿拉玛·伊克巴尔以及影响更大的原教旨主义者毛杜迪和他的伊斯兰促进会。南亚地区也是苏菲教团非常活跃的地区，纳克西班迪教团、契西提教团等的影响非常之大，而且很多教团的分支和迪奥班迪学派、塔利卡兄弟会一样已经超出了次大陆的边界，在阿富汗和欧洲地区都有影响。

　　1947年印度次大陆赢得独立，同时分裂为印度和巴基斯坦两个国家，后来，在1975年巴基斯坦又再次分裂为巴基斯坦（西巴基斯坦）和孟加拉国（东巴基斯坦）两个国家。目前为止，印度的穆斯林人口占全国总人口的13%左右，而巴基斯坦和孟加拉国的穆斯林人口分别占到97%和88%，三个国家的穆斯林人口之和超过阿拉伯地区，也远远超过穆斯林人口最多的印度尼西亚。

地域的广泛性（从克什米尔、孟加拉国到信德、泰米尔那杜），长达1300年的时间跨度，众多的人口，这些使得南亚的伊斯兰教呈现出纷繁多样的面貌，特别是与印度教文化的既吸收又对立的张力更增加了其复杂性。南亚的伊斯兰教在漫长的发展过程中不可避免地吸收了一些当地宗教的仪式和习惯，同时又一直排斥它们，并且时不时产生回归早期阿拉伯的"纯粹"的伊斯兰教的冲动。波斯和突厥元素也由穆斯林征服者带到南亚次大陆；在印度穆斯林的文学传统中，所有主要的伊斯兰语言都有一席之地：阿拉伯语是《古兰经》和伊斯兰神学论著的语言，也是南亚最早的穆斯林统治者的语言；波斯语由伽色腻人马茂德带入并且在若干世纪成为普遍的文学语言和官方语言，它的后一种职能直到1835年才被英语代替；突厥语是莫卧儿帝王们和一些小王朝的语言；而乌尔都语首先在德干发展成一种文学语言，然后在18世纪成为印度北部更高级文学样式的创作工具。印度的地方语言：信德语、旁遮普语、普什图语和孟加拉国语都产生了丰富的宗教和世俗文学作品，它们所反映的伊斯兰文化的"印度"方面要比用伊斯兰传统语言写作的书籍和诗歌更为清晰。在南印度，穆斯林的宗教作品用泰米尔语、泰鲁古语、玛拉雅纳语和其他的语言创作。

印度的伊斯兰教通常具有两面，"正统的"和"民间的"。正统的穆斯林研究教法，撰写古兰经注释，收集和考证先知的传统，对文献进行深入研究。随着时间的推移，特别是那些在传统经学院学习过的下级毛拉们变得非常顽固，他们往往最积极去除印度伊斯兰教中那些因为和印度教密切接触而被玷污的部分。另一方面，普通的穆斯林，倾向于更具神秘主义色彩有时甚至是迷信的宗教信仰，这些与他们的印度教祖先的宗教和社会习俗没有什么不同。对皮尔（pir）或者赛义德（sayyid）的信仰是他们艰辛生活的支撑。穆斯林和印度教徒经常会崇拜共同的精神导师。神秘主义游吟诗人推动地方语言发展成为文学语言，他们将神爱的秘密、渴望、对先知的坚信转化为农夫、渔民和主妇的语言，这些诗歌活跃在南亚的每个角落，这使得简朴的、"乡土的"神秘色彩的虔敬成为大多数南亚伊斯兰教地区的特点。

一个受过西方教育的印度穆斯林如此描述次大陆的伊斯兰教面貌：

伊斯兰化对印度社会产生了双重并且矛盾的影响。一方面，由于其推动在穆斯林中产生一种社团意识而使得穆斯林和印度教徒区分开；另一方面，它通过将本地的社会和文化因素合法化而使得伊斯兰能够吸收和同化这些元素。这个矛盾从来没有完全解决，并且使得印度的伊斯兰教成为既不是完全阿拉伯化而不是完全印度化的而是更多价值观、信念的独特的混合体。正是这种混合体使得印度伊斯兰教具有独特的宗教传统，不只是在形式上，更是在活生生的人所实践的信仰上。

（晏琼英编）

## 伊斯兰教在东南亚

　　在伊斯兰教进入东南亚地区之前，当地人主要信奉印度教、佛教以及本地的原始宗教信仰。关于东南亚群岛地区伊斯兰教早期历史，马来世界学者自己的研究在20世纪60年代形成了一些共识：伊斯兰教首次进入印度尼西亚是在伊斯兰教历一世纪（公元7到8世纪），并且是直接由阿拉比亚传入的；最早传入伊斯兰教的地区是苏门答腊沿海地区；第一位伊斯兰罗阇（统治者）出现在亚齐；在其后的伊斯兰化过程中，印尼人起到了积极的作用；那些早期的宗教贤达之士，除了传播伊斯兰教，还作为商人从事贸易活动；伊斯兰教在印尼是通过和平方式传播的；伊斯兰教的传入给印尼带来较高的知识和文化，推动了印尼民族意识的形成。上述观点中只有第一点为很多西方学者存疑。

　　伊斯兰教在东南亚地区较大规模的传播是在13世纪之

后，以苏门答腊岛西部满剌加（马六甲）的伊斯兰教化为开端。到16世纪，东南亚海岛大部分地区的伊斯兰教化已经基本完成。伊斯兰教传播的路线大致呈现出由西向东、由沿海向内地以及自南而北的特点。

随着马六甲在1511年的陷落，基督教和伊斯兰教为了争取民众在群岛展开了竞争。在反抗欧洲人的斗争中，伊斯兰的统治者在沦陷的土地上强化了自己的信仰。

整体而言，马来世界的伊斯兰教与印度有着更加密切的联系。表现为前伊斯兰教的印度教术语和文化元素被直接运用到东南亚的伊斯兰教中。

目前，东南亚10个国家中大约共有超过2亿穆斯林人口，超过东南亚地区总人口的40%，约占穆斯林世界人口总数的20%。其中，印度尼西亚的穆斯林最多，约为2亿，使得印尼成为世界上穆斯林人口最多的国家。穆斯林人口总数随印尼之后是马来西亚，超过1400万。缅甸、菲律宾和泰国的穆斯林人口在300—400万之间，不到各自总人口的10%。在新加坡和文莱两个国家，穆斯林人口数分别为40和20余万；而在中南半岛印支三国（柬埔寨、老挝和越南）的穆斯林人口相对很少，但柬埔寨穆斯林的人数大约和文莱一致。按照穆斯林占全国人口比例的高低次序来排列，最高的三国分别是印度尼西亚、文莱和马来西亚。

东南亚地区的穆斯林绝大部分属于逊尼派，几乎都是沙斐仪教法学派。什叶派人数极少。目前，从激进的瓦哈比派到温和的伊斯兰现代主义思潮，以及形形色色的中间派别，在东南亚地区都有所流传。

印尼历史上最著名的伊斯兰政党是 1945 年成立的马斯尤美党和 1973 年由几个伊斯兰政党联合成立的建设团结党。目前印尼最大的两个伊斯兰组织是伊斯兰教师联合会和穆罕默德传教教会，其他的组织包括印尼伊斯兰联盟和伊斯兰真谛协会等。现任总统瓦希德就是伊斯兰教师联合会的主席。印尼是"伊斯兰会议组织"、"世界伊斯兰大会"和"伊斯兰世界联盟"的成员国。印度尼西亚全国各岛屿有清真寺和大小礼拜堂约 36 万座，仅雅加达就有清真寺 1000 多座，礼拜堂 4000 多座，并拥有东南亚地区最大的清真寺——国家独立清真寺，可容纳 10 万人礼拜。马来西亚：伊斯兰教党是马来西亚最大的伊斯兰政党，即通常所称的"回教党"。它是 1971 年从马来民族统一机构（巫统）中脱离出来而成立的，曾称泛马伊斯兰教党，目前拥有党员约 30 万，是马来西亚最大的反对党。马来西亚是"伊斯兰会议组织"、"世界伊斯兰大会"和"伊斯兰世界联盟"的成员国，"国际伊斯兰新闻社"设在吉隆坡。马来西亚的清真寺数千座，并拥有著名的马来西亚国家清真寺和马来西亚国际伊斯兰大学。

东南亚伊斯兰教的分布和发展呈现出不均衡的特点，这与伊斯兰教在东南亚地区的传播方式和途径、原有宗教发展状况、国家政策以及社会制度等诸多方面因素有关。这种状况既存在于整个东南亚地区，也存在于某个国家内部。从地理分布上来说，越早伊斯兰化的地区，信仰的强度要越大一些。

目前，伊斯兰教在马来西亚和文莱两个国家享有国教的地位。虽然印尼是世界上穆斯林人口最多的国家，但伊斯兰教并不是其国教。在其他国家，伊斯兰教只是国内多种宗教之一，在法律上与其他宗教拥有同样重要的地位。在新加坡、菲律宾以及更次程度上的泰国和缅甸，因为某些原因而使得伊斯兰教比较容易引人关注而已，但这些国家的主要宗教并非伊斯兰教。在柬、老、越三个印支国家中，伊斯兰教的发展更为缓慢，特别是后两个国家几乎与伊斯兰教没有什么关系。

东南亚地区的伊斯兰教具有浓郁的地方特色。按照国外学者的观点，印度尼西亚信仰伊斯兰的爪哇人至少可以分为两大宗教团体："阿班甘"（名义上的穆斯林）和"桑特里"（虔诚的穆斯林）。估计前者约占爪哇人的30%，后者约占60%或者更多。很多政府阶层和军队将军都是名义上信仰伊斯兰教。"阿班甘"既崇拜真主，也信奉其他圣灵和魔力，包括一些印度教神。事实上，现在可以将这种区分应用到整个东南亚。

时至今日，东南亚各国的伊斯兰教仍然在积极尝试在国家政治、社会生活中发挥更大作用，同时，在世界范围，它们也是不可忽视的一支力量。

（晏琼英编）

# 非洲撒哈拉以南的伊斯兰教

在人们讨论非洲伊斯兰教时，有一个约定俗成的认识：撒哈拉沙漠以南的伊斯兰教才是真正意义上的非洲伊斯兰教。北非是阿拉伯世界的一部分，北非的伊斯兰教与西亚伊斯兰教是一体的。撒哈拉沙漠南北的伊斯兰教呈现出全然不同的面貌。

非洲伊斯兰教历史几乎与伊斯兰教本身的历史一样悠久。关于早期的非洲伊斯兰教，非洲穆斯林有两件事津津乐道，一是在伊斯兰教初兴之时，由于在麦加受到迫害，部分穆斯林约于614—615年间，分两批迁徙到埃塞俄比亚境内去避难，受到国王礼遇。现在埃塞俄比亚穆斯林仍在庆祝这一事件。二是非洲伊斯兰教的最早皈依者可能是贝拉勒·伊本·拉巴赫（Bilāl ibn Rabāh）。因为穆罕默德的干预，贝拉勒由奴隶变为自由人，并成为伊斯兰历史上第一位宣礼员，同时也是先知穆罕默德最要好的伙伴之一。

整体而言，伊斯兰教在撒哈拉以南地区与北非的传播方式与结果都全然不同，北非主要以武力征服为主，撒哈拉以南则主要以和平方式的传播为主。阿拉伯人于公元7至8世纪征服北非以后，从此非洲开始了两个相互联系而又漫长的过程——伊斯兰化进程和阿拉伯化进程。北非成功地完成伊斯兰化后，继续了阿拉伯化。撒哈拉以南的非洲除东部少数地区完成这两个进程外，大部分地区只经历了漫长的伊斯兰化，且这个进程仍在进行中。

东非、西非和中南非的伊斯兰教传播方式也是千差万别。尼罗河苏丹与非洲之角是撒哈拉以南既完成伊斯兰化又完成阿拉伯化的地区。苏丹北部和索马里的居民在伊斯兰教成为他们的信仰之后很久，阿拉伯语也成为他们的母语，他们还自认为是伊斯兰世界、甚至阿拉伯世界的一部分。伊斯兰教沿尼罗河向南的渗透一直在缓慢推进，近代殖民主义打断了这一进程。英国对苏丹实施殖民统治期间（1898—1955），伊斯兰化和阿拉伯化向南挺进的势头减缓；南苏丹沿英国势力的边界成功地阻扼了阿拉伯化了的北方的影响。

伊斯兰教到达东非主要以印度洋为媒介，阿拉伯穆斯林航海家很早就将伊斯兰教带到东非，直到现在伊斯兰教仍在这里传播。阿拉伯人在这个过程中一直起着非常重要的作用。东非主要的宗教领袖，都宣称是阿拉伯人的后裔，或者声称是先知穆罕默德后裔。

西非和东非的伊斯兰化也呈现出截然不同的模式。西非距阿拉伯伊斯兰世界的中心更远，也不像东非那样有印度洋作为传播媒介，撒哈拉沙漠阻隔了伊斯兰教由北向南的扩张速度。柏柏尔人的定居、跨撒哈拉沙漠的商路的存在、柏柏尔人与其南部邻居之间广泛的历史交往共同造成了一个更为持久的结果：伊斯兰教悄无声息地在这里传播。不是阿拉伯人的剑，而是柏柏尔人的社会交往为西非伊斯兰教奠定了基础。

非洲中南部受伊斯兰教的影响比较弱，穆斯林虽然比基督徒先到一步，但是现在这里主要还是基督教占主要地位。南部非洲，尤其是南非，伊斯兰教是作为受害者来到这里的。17世纪下半叶，伊斯兰教由流放至此的马来西亚奴隶传入。18—19世纪，先后有印尼、马来西亚、印度、斯里兰卡、土耳其等国的穆斯林移居南非。这样，北非的伊斯兰教由阿拉伯人直接带进来，而南部非洲的伊斯兰教则部分地属于东南亚和南亚人的遗产。南部非洲的伊斯兰化并没有伴随着明显的阿拉伯化。

伊斯兰教对撒哈拉以南地区的两种作用不容忽视。一、历史上伊斯兰教一直作为西非和东非地区国家形成的一个主要推动力。二、伊斯兰教也是城市化过程中的一个主要推动力。伊斯兰教的到来，使东西非的城市快速发展，成为当地经济文化的中心。

撒哈拉沙漠以南非洲伊斯兰教的早期历史中，伊斯兰教具体有五种传播方式。[①] 最为引人注目的是武力征服。这种方式主要影响到北非的伊斯兰教；伊斯兰教传播的第二种方式是穆斯林向非穆斯林地区的迁徙和定居；伊斯兰教传播的第三个方式是商业，特别是跨撒哈拉沙漠的商务活动，从来就没有停止过；伊斯兰教传播的第四种方式是

---

① 阿里·穆扎里，《撒哈拉以南的伊斯兰教》，参见约翰·埃斯波西托主编《现代伊斯兰世界百科全书》，第261—271页（Ali A. Mazrui, "Islam in Sub-Saharan Africa", John L. Esposito, Ed. *The Oxford Encyclopedia of the Modern Islamic World.* pp. 261—271）。

目的明确的宣教工作。早期传教士包括旅行的伊玛目，治病术士和教师。近代以来，伊斯兰教用文字材料在马德拉萨和学校中宣教；第五个传播媒介是定期发生的复兴运动。这可以采取内部纯化道德的圣战形式，也可能在自称为"马赫迪"的领导者号召下进行。

自非洲国家独立以来，有两个因素成为非洲宗教的中心问题：一是伊斯兰教的扩张，二是伊斯兰复兴主义。扩张包括伊斯兰教的传播和新穆斯林的皈依；复兴主义在穆斯林当中呼唤信仰的新生。扩张是地理范围和人口的问题，而复兴主义是历史和怀旧的问题。伊斯兰教在后殖民时代非洲的传播基本上是一个和平的劝诫过程，但它的复兴却常常是重新发现和回归伊斯兰教原初思想的爆发过程。

非洲撒哈拉沙漠以南地区与伊斯兰教有关的核心问题不是在北非那样制造冲突的复兴主义，而是伊斯兰教的快速扩张。我们通常认识不到，尼日利亚的穆斯林比包括埃及在内的任何一个阿拉伯国家的穆斯林都多。埃塞俄比亚的穆斯林已将近占该国人口的一半。南非的伊斯兰教已有三个世纪的历史了。非洲四个人口最多的国家——尼日利亚、埃及、埃塞俄比亚和扎伊尔——共有一亿二千万穆斯林。现在差不多这个大陆的一半人口都是穆斯林。

（李维建编译）

# 美国伊斯兰教

根据学者的研究，早在哥伦布来到美洲大陆之前，美洲土著和非洲穆斯林很可能已经有过接触，但是人数较多的穆斯林来到美洲是在奴隶贸易时期，成千上万的非洲人被贩卖到美洲，充当奴隶，其中10%左右是穆斯林。美国内战之后，来自阿拉伯世界和东非的穆斯林移民来到美国寻找机会，19世纪后期在美国建起了第一座清真寺。此后南亚穆斯林接踵而至，他们多来自印度旁遮普地区，定居在美国西海岸。冷战时期，一些穆斯林国家人口急剧膨胀，且国内局势动荡，再加上美国对劳动力的需求，促发了穆斯林向美国移民的高潮。与此同时，作为遏制苏联战略的一部分，美国大量招收来自穆斯林世界的留学生。这些人不仅学习科学技术，还受到美国精神的巨大影响，其中一些留居美国，致力于争取穆斯林的权益，扩大伊斯兰教在社会中的影响，各地纷纷建立了穆斯林学生组织。在来自中东、南亚和东南欧的穆斯林移民美国的同时，大量非洲裔美国人从南方移居北方。以伊斯兰教为旗帜、反对种族歧视的黑人穆斯林运动开始兴起，著名的"伊斯兰民族"（Nation of Islam）组织就是建立于这一时期。

对于目前美国穆斯林的人数，来源不同的调查估算悬殊甚大。根据纽约城市大学2001年对全美0.5%人口的抽样调查估算，美国穆斯林的人数为 110 万。2007 年皮尤研究中心所做的调查则认为美国有穆斯林 240 万。《大不列颠百科全书》2007 年版认为这个数字高达 470 万。而早在 2001 年，美国—伊斯兰关系委员会就认为美国的穆斯林人数在 600 万—700 万之间。

从族裔角度来看，根据盖洛普公司在 2008 年对全美穆斯林进行的一项调查，35% 左右的美国穆斯林为非洲裔美国人；28% 是白人，近五分之一是亚洲裔，还有 18% 的人认为自己不属于上述族裔，而选择了其他。美国—伊斯兰关系委员会根据自己的调查，提供了更为详细的分类。在日常到逊尼派清真寺参加宗教活动的人中，33% 为南亚裔，30% 为非洲裔，25% 为阿拉伯裔，其他还包括来自欧洲、东南亚、土耳其、伊朗、拉美等地的穆斯林。总的来说，美国穆斯林平均年龄较轻，而且平均受教育程度高于其他宗教信徒。

全美各地均有穆斯林分布。其中黑人穆斯林多分布在华盛顿—波士顿通道、休斯敦和加州南部。大底特律区是阿拉伯裔美国穆斯林的聚居区，得克萨斯州的穆斯林以印巴人为主，加利福尼亚州的穆斯林中则以伊朗人为主。

相比于欧洲，大多数美国人不认为穆斯林是对美国社会的威胁，但"9·11"事件之后，美国穆斯林确实面临着巨大的压力，迫使他们去组织、集合穆斯林在社会、经济和政治方面的能量，以便在美国社会中更明确地表达自己的声音。

（王宇洁编）

## 欧洲伊斯兰教

在穆斯林对外征服时期，伊斯兰教就已经影响到欧洲。但是大量穆斯林移居西欧北欧，则是 19 世纪后期、20 世纪以来。这一时期，非洲、南亚、东南亚等地有着大量穆斯林人口的国家成为欧洲的殖民地，除一些显贵家族之外，还有其他穆斯林因为航海、参军、学习等原因，移居到了欧洲。各殖民地取得独立之后，移民人数更多。在 20 世纪 60—70 年代，法国、英国、德国、比利时和斯坎蒂纳维亚诸国，都从海外输入大量劳工，其中包括不少穆斯林。在移民政策逐渐严格之后，目前还有大量的穆斯林以寻求庇护或者家庭团聚为渠道而移民。

根据德国伊斯兰档案中央研究所的数据，2007 年欧洲穆斯林人数大约为 5300 万，其中欧盟国家内有 1600 万。和美国情况相似的是，欧洲的穆斯林人口也非常多样化。阿尔巴尼亚、波斯尼亚、科索沃，以及俄罗斯北高加索、伏尔加河流域等地本身就是以穆斯林人口为多数。而在法国、英国、德国、奥地利、瑞士、比利时、荷兰、挪威和瑞典，穆斯林人口都只占少数，且大多是在 20 世纪中期以后才来到这里。英国穆斯林多来自巴基斯坦、孟加拉国，以及印度。法国、意大利、西班牙的许多穆斯林来自北非，比利时和荷兰的穆斯林多来自摩洛哥和土耳其。德国的穆斯林以土耳其人和库尔德人为主。挪威的穆斯林大多来自巴基斯坦和索马里，而很多伊拉克穆斯林移居到了瑞典。

由于经济、政治、文化等方面的原因，在穆斯林人口只占少数的国家，很多穆斯林新移民和二代移民尚处在社会的边缘，有些甚至产生了对抗的情绪，形成自我封闭的社团，与社会的疏离感进一步增加。虽然大多数欧洲穆斯林属于温和派，但由于其内部缺乏统一有力的声音来表达他们的意愿，加上一些右翼势力的有意利用以及媒体的片面报道，使得一些欧洲民众对穆斯林产生了负面的印象。根据盖洛普公司为世界经济论坛在欧洲21个国家进行的调查，大部分欧洲人认为，增强与伊斯兰教的互动会是一个威胁。

（王宇洁编）

## 部分相关图表资料

（李维建　编）

### 各大洲穆斯林人口统计表

| 洲　　名 | 穆斯林人口 | 百分比 |
| --- | --- | --- |
| 非　洲 | 308,660,000 | 27.4% |
| 亚　洲 | 778,362,000 | 69.1% |
| 欧　洲 | 32,032,000 | 2.8% |
| 拉丁美洲 | 1,356,000 | 0.1% |

续表

| 洲　名 | 穆斯林人口 | 百分比 |
|---|---|---|
| 北美洲 | 5,530,000 | 0.5% |
| 大洋洲 | 385,000 | 0.0% |
| 总　计 | 1,126,325,000 | 100% |

资料来源："Britannica Yearbook，1997"

## 穆斯林人口排名表

| 排名 | 人口总数排序 | | | 人口百分比排序 | | |
|---|---|---|---|---|---|---|
| | 国　家 | 穆斯林人口 | 占人口百分比 | 国　家 | 穆斯林人口百分比 | 穆斯林人口总数 |
| 1 | 印度尼西亚 | 207,000,105 | 88.20% | 沙特阿拉伯 | 100% | 26,417,599 |
| 2 | 巴基斯坦 | 159,799,666 | 97% | 阿富汗 | 99% | 31,571,023 |
| 3 | 印度 | 138,188,240 | 13.4% | 索马里 | 100% | 8,591,629 |
| 4 | 孟加拉国 | 132,446,365 | 88% | 马尔代夫 | 99.9% | 348,756 |
| 5 | 埃及 | 70,530,237 | 90% | 西撒哈拉 | 99.8% | 272,461 |
| 6 | 土耳其 | 70,800,000 | 99% | 土耳其 | 99% | 70,800,000 |
| 7 | 尼日利亚 | 64,385,994 | 45% | 伊朗 | 98% | 67,337,681 |
| 8 | 伊朗 | 64,089,571 | 98% | 阿尔及利亚 | 99% | 32,206,534 |
| 9 | 阿尔及利亚 | 32,999,883 | 99% | 毛里塔尼亚 | 99% | 3,083,772 |
| 10 | 摩洛哥 | 32,300,410 | 99% | 也门 | 99% | 20,519,792 |
| 11 | 阿富汗 | 31,571,023 | 99% | 突尼斯 | 99% | 9,974,201 |
| 12 | 沙特阿拉伯 | 26,417,599 | 100% | 阿曼 | 99% | 2,971,567 |
| 13 | 苏丹 | 26,121,865 | 65% | 科摩罗 | 99% | 664,534 |

续表

| 人口总数排序 | | | | 人口百分比排序 | | |
|---|---|---|---|---|---|---|
| 排名 | 国家 | 穆斯林人口 | 占人口百分比 | 国家 | 穆斯林人口百分比 | 穆斯林人口总数 |
| 14 | 伊拉克 | 25,292,658 | 97% | 吉布提 | 99% | 471,935 |
| 15 | 乌兹别克斯坦 | 23,897,563 | 89% | 摩洛哥 | 98.7% | 32,300,410 |
| 16 | 埃塞俄比亚 | 22,533,500 | 31.2% | 巴基斯坦 | 98% | 162,487,489 |
| 17 | 俄罗斯 | 21,513,046 | 15% | 利比亚 | 97% | 5,592,596 |
| 18 | 也门 | 20,519,792 | 99% | 伊拉克 | 97% | 25,292,658 |
| 19 | 中国 | 19,594,707 | 1.5% | 塔吉克斯坦 | 95% | 6,805,330 |
| 20 | 叙利亚 | 16,234,901 | 88% | 约旦 | 95% | 5,471,745 |
| 21 | 马来西亚 | 14,467,694 | 60.4% | 卡塔尔 | 95% | 819,898 |
| 22 | 坦桑尼亚 | 12,868,224 | 35% | 塞内加尔 | 94% | 10,459,222 |
| 23 | 马里 | 11,062,376 | 90% | 阿塞拜疆 | 93.4% | 7,584,311 |
| 24 | 尼日尔 | 10,499,343 | 90% | 巴林 | 93.1% | 659,682 |
| 25 | 塞内加尔 | 10,459,222 | 94% | 埃及 | 91% | 70,530,237 |
| 26 | 突尼斯 | 9,974,201 | 99% | 马里 | 90% | 11,062,376 |
| 27 | 索马里 | 8,548,670 | 99% | 尼日尔 | 90% | 10,499,343 |
| 28 | 几内亚 | 8,047,686 | 85% | 冈比亚 | 95% | 1,433,930 |
| 29 | 阿塞拜疆 | 7,584,311 | 93.4% | 乌兹别克斯坦 | 89% | 23,897,563 |
| 30 | 布基纳法索 | 7,449,626 | 52% | 土库曼斯坦 | 89% | 4,407,352 |
| 31 | 哈萨克斯坦 | 7,137,346 | 47% | 印度尼西亚 | 88.2% | 207,000,105 |
| 32 | 塔吉克斯坦 | 6,805,330 | 95% | 孟加拉国 | 88% | 127,001,272 |
| 33 | 科特迪瓦 | 6,677,043 | 38.6% | 叙利亚 | 88% | 16,234,901 |
| 34 | 刚果 | 6,008,500 | 10% | 几内亚 | 85% | 8,047,686 |
| 35 | 利比亚 | 5,592,596 | 97% | 科威特 | 85% | 1,985,300 |
| 36 | 约旦 | 5,471,745 | 95% | 加沙西岸 | 84% | 3,159,999 |
| 37 | 乍得 | 5,306,266 | 54% | 吉尔吉斯斯坦 | 80% | 4,117,024 |

**续表**

| 排名 | 人口总数排序 | | | 人口百分比排序 | | |
|---|---|---|---|---|---|---|
| | 国　　家 | 穆斯林人口 | 占人口百分比 | 国　　家 | 穆斯林人口百分比 | 穆斯林人口总数 |
| 38 | 美国 | 4,558,068 | 1.5% | 阿联酋 | 76% | 1,948,041 |
| 39 | 土库曼斯坦 | 4,407,352 | 89% | 阿尔巴尼亚 | 70% | 2,508,277 |
| 40 | 菲律宾 | 4,392,873 | 5% | 文莱 | 64.5% | 241,602 |
| 41 | 法国 | 4,214,790 | 6.9% | 苏丹 | 65% | 26,121,865 |
| 42 | 吉尔吉斯斯坦 | 4,117,024 | 80% | 马来西亚 | 60.4% | 14,467,694 |
| 43 | 乌干达 | 4,090,422 | 15% | 塞拉利昂 | 60% | 3,610,585 |
| 44 | 莫桑比克 | 3,881,340 | 20% | 黎巴嫩 | 55% | 2,142,570 |
| 45 | 塞拉利昂 | 3,610,585 | 60% | 布基纳法索 | 52% | 7,449,626 |
| 46 | 加纳 | 3,364,776 | 16% | 乍得 | 54% | 5,306,266 |
| 47 | 喀麦隆 | 3,276,001 | 20% | 尼日利亚 | 50% | 64,385,994 |
| 48 | 泰国 | 3,272,218 | 5% | 厄立特里亚 | 50% | 2,280,799 |
| 49 | 毛里塔尼亚 | 3,083,772 | 99.9% | 埃塞俄比亚 | 50% | 37,533,500 |
| 50 | 德国 | 3,049,961 | 3.7% | 波斯尼亚 | 40% | 1,820,879 |
| 51 | 阿曼 | 2,971,567 | 99% | 科特迪瓦 | 38.6% | 6,677,043 |
| 52 | 阿尔巴尼亚 | 2,004,480 | 58% | 几内亚比绍共和国 | 38% | 538,090 |
| 53 | 马拉维 | 2,431,784 | 20% | 坦桑尼亚 | 35% | 12,868,224 |
| 54 | 肯尼亚 | 2,368,071 | 7% | 马其顿 | 33.3% | 685,305 |
| 55 | 厄立特里亚 | 2,280,799 | 50% | 苏里南 | 22% | 96,391 |
| 56 | 塞尔维亚和黑山共和国 | 2,274,126 | 21% | 塞尔维亚和黑山共和国 | 21% | 2,274,126 |
| 57 | 黎巴嫩 | 2,142,570 | 55% | 莫桑比克 | 20% | 3,881,340 |
| 58 | 科威特 | 1,985,300 | 85% | 喀麦隆 | 20% | 3,276,001 |
| 59 | 阿拉伯联合酋长国 | 1,948,041 | 76% | 马拉维 | 20% | 2,431,784 |

http://en.wikipedia.org/wiki/Muslim-population.

## 全球各宗教信徒分布表（2007 年）

| | 非洲 | 亚洲 | 欧洲 | 拉美 | 北美 | 大洋洲 | 全球总计 | % | 分布国家数 |
|---|---|---|---|---|---|---|---|---|---|
| 基督徒 | 441,184,000 | 359,614,000 | 565,254,700 | 533,386,000 | 273,388,400 | 26,990,300 | 2,199,817,400 | 33.3 | 239 |
| 穆斯林 | 378,135,700 | 961,961,000 | 39,691,800 | 1,777,000 | 5,450,600 | 438,400 | 1,387,454,500 | 21.0 | |
| 印度教徒 | 2,757,000 | 868,348,000 | 1,680,000 | 760,000 | 1,715,000 | 466,000 | 875,726,000 | 13.2 | 126 |
| 中国民间信仰者（Chinese Universists） | 37,500 | 384,206,000 | 309,000 | 183,000 | 740,000 | 146,000 | 385,621,500 | 5.8 | 96 |
| 佛教徒 | 158,000 | 379,080,000 | 1,775,000 | 743,000 | 3,288,000 | 565,000 | 385,609,000 | 5.8 | 136 |
| 民族宗教信仰者（Ethnoreligionists） | 113,605,000 | 145,997,000 | 1,152,000 | 3,733,000 | 1,579,000 | 339,000 | 266,405,000 | 4.0 | 145 |
| 新兴宗教信仰者（Neoreligionists） | 123,000 | 103,548,000 | 380,000 | 800,000 | 1,594,000 | 88,300 | 106,533,300 | 1.6 | 107 |
| 锡克教 | 62,900 | 21,701,000 | 478,000 | 6,600 | 630,000 | 49,000 | 22,927,500 | 0.3 | 44 |
| 犹太教徒 | 129,000 | 5,718,000 | 1,840,000 | 971,000 | 6,191,000 | 107,000 | 14,956,000 | 0.2 | 135 |
| 巴哈伊教徒（Baha'is） | 2,135,000 | 3,677,000 | 139,000 | 891,000 | 718,000 | 137,000 | 7,697,000 | 0.1 | 219 |
| 其他宗教徒 | | | | | | | | 12 | |
| 无神论者 | | | | | | | | 2.3 | |
| 总　计 | 945,346,000 | 3,995,674,000 | 727,659,000 | 576,483,000 | 336,831,000 | 33,854,000 | 6,615,847,000 | 100.0 | 239 |

资料来源："Britannica Yearbook，2008"。

### 世界各大洲主要宗教信徒统计表（2008 年）

| 宗　　教 | 非　洲 | 亚　洲 | 欧　洲 | 拉丁美洲 |
|---|---|---|---|---|
| 基督徒 | 465,880,000 | 364,106,000 | 583,802,000 | 536,162,000 |
| 穆斯林 | 392,636,100 | 992,850,000 | 40,749,000 | 1,830,000 |
| 印度教徒 | 2,813,000 | 906,190,000 | 1,681,000 | 760,000 |
| 中国民间宗教信仰者 | 38,500 | 385,861,000 | 312,000 | 186,000 |
| 佛教徒 | 165,000 | 377,515,000 | 1,792,000 | 767,000 |
| 民族宗教信仰者 | 116,125,000 | 147,571,000 | 1,153,000 | 3,654,000 |
| 新兴宗教信仰者 | 126,000 | 104,208,000 | 393,000 | 819,000 |
| 锡克教徒 | 65,100 | 22,592,000 | 475,000 | 6,500 |
| 犹太教徒 | 130,000 | 5,750,000 | 1,850,000 | 1,046,000 |
| 巴哈伊教徒 | 2,229,000 | 3,786,000 | 142,000 | 910,000 |

资料来源："Britannica Yearbook，2009"。

### 全球宗教信徒分布表（2004 年）

| 宗　教 | 非　洲 | 亚　洲 | 欧　洲 | 拉丁美洲 | 北美洲 | 大洋洲 | 全球总计 | 百分比（%） | 分布国家数 |
|---|---|---|---|---|---|---|---|---|---|
| 基督徒 | 401,717,000 | 341,337,000 | 553,689,000 | 510,131,000 | 273,941,000 | 26,147,000 | 2,106,962,000 | 33 | 238 |
| 穆斯林 | 350,453,000 | 892,440,000 | 33,290,000 | 1,724,000 | 5,109,000 | 408,000 | 1,283,424,000 | 20.1 | 206 |
| 印度教徒 | 2,604,000 | 844,593,000 | 1,467,000 | 766,000 | 1,444,000 | 417,000 | 851,291,000 | 13.3 | 116 |
| 中国民间宗教信仰者 | 35,400 | 400,718,000 | 266,000 | 200,000 | 713,000 | 133,000 | 402,065,000 | 6.3 | 94 |
| 佛教徒 | 148,000 | 369,394,000 | 1,643,000 | 699,000 | 3,063,000 | 493,000 | 375,440,000 | 5.9 | 130 |
| 民族宗教信仰者 | 105,251,000 | 141,589,000 | 1,238,000 | 3,109,000 | 1,263,000 | 319,000 | 252,769,000 | 4 | 144 |

续表

| 宗 教 | 非 洲 | 亚 洲 | 欧 洲 | 拉丁美洲 | 北美洲 | 大洋洲 | 全球总计 | 百分比（%） | 分布国家数 |
|---|---|---|---|---|---|---|---|---|---|
| 新兴宗教信仰者 | 112,000 | 104,352,000 | 381,000 | 764,000 | 1,561,000 | 84,800 | 107,255,000 | 1.7 | 107 |
| 锡克教徒 | 58,400 | 24,085,000 | 238,000 | 0 | 583,000 | 24,800 | 24,989,000 | 0.4 | 34 |
| 犹太教徒 | 224,000 | 5,317,000 | 1,985,000 | 1,206,000 | 6,154,000 | 104,000 | 14,990,000 | 0.2 | 134 |
| 巫术信仰者（Spiritists） | 3,100 | 2,000 | 135,000 | 12,575,000 | 160,000 | 7,300 | 12,882,000 | 0.2 | 56 |
| 巴哈伊教徒 | 1,929,000 | 3,639,000 | 146,000 | 813,000 | 847,000 | 122,000 | 7,496,000 | 0.1 | 218 |
| 儒教徒 | 300 | 6,379,000 | 16,600 | 800 | 0 | 50,600 | 6,447,000 | 0.1 | 16 |
| 耆那教徒 | 74,900 | 4,436,000 | 0 | 0 | 7,500 | 700 | 4,519,000 | 0.1 | 11 |
| 神道教徒 | 0 | 2,717,000 | 0 | 7,200 | 60,000 | 0 | 2,784,000 | 0 | 8 |
| 道教徒 | 0 | 2,702,000 | 0 | 0 | 11,900 | 0 | 2,714,000 | 0 | 5 |
| 祆教徒 | 900 | 2,429,000 | 89,900 | 0 | 81,600 | 3,200 | 2,605,000 | 0 | 23 |
| 其他宗教信仰者 | 75,000 | 68,000 | 257,500 | 105,000 | 650,000 | 10,000 | 1,166,000 | 0 | 78 |
| 非宗教信仰者（Nonreligious） | 5,912,000 | 601,478,000 | 108,674,000 | 15,939,000 | 31,286,000 | 3,894,600 | 767,184,000 | 12 | 237 |
| 无神论者 | 585,000 | 122,870,000 | 22,048,000 | 2,756,000 | 1,997,000 | 400,000 | 150,656,000 | 2.4 | 219 |
| 总人口 | 869,183,000 | 3,870,545,000 | 725,564,000 | 550,795,000 | 328,932,000 | 32,619,000 | | | |

资料来源："The Encyclopedia of World Religions", Revised Edition General Editor：Robert S. Ellwood University of Southern California。

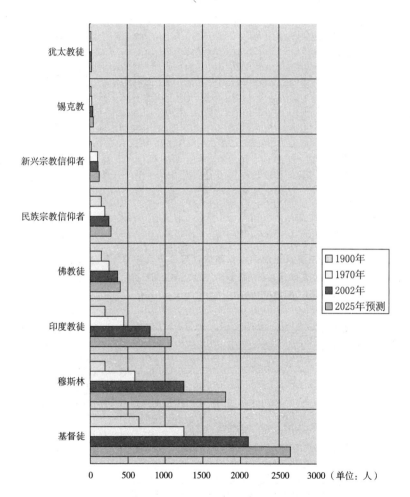

**世界主要宗教信徒数量统计与预测（1900—2025年）**

资料来源：美国《国家情报委员会 2020 年预测报告》（*Report of the National Intelligence Council's 2020 Project*）。

（单位：倍）

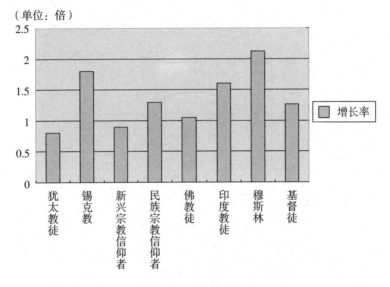

**世界主要宗教信徒增长率估计与预测（2002—2025 年）**

资料来源：美国《国家情报委员会 2020 年预测报告》（*Report of the National Intelligence Council's 2020 Project*）。

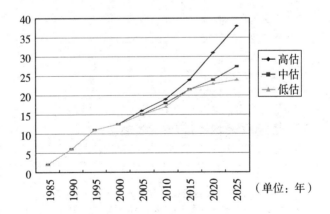

**欧盟 1985—2025 年穆斯林人口预测**

资料来源：美国《国家情报委员会 2020 年预测报告》（*Report of the National Intelligence Council's 2020 Project*）。

# 世界需要这样的声音

## ——《谁代表伊斯兰讲话?》读后有感

罕 戈

莎士比亚《李尔王》中的傻瓜有一段话:"他们会因为说真话而对我加以鞭笞,就像会因为说假话而对我加以鞭笞一样;有时我甚至因为缄默不语而受到鞭笞。"美国学者爱德华·萨义德以此来描述西方媒体强大攻势下东方人(特别是穆斯林)的文化处境。穿透西方无所不及的话语霸权,把事实的真相展示给民众,不仅需要一种勇气和胆识,而且需要一种对学人尤其重要的学术良知。怎样打破人为的坚冰,既超越少数极端主义,又超越美国对伊斯兰世界的双重标准,直接去倾听12亿以上穆斯林的心声,从而为穆斯林与西方(特别是美国)的和谐共存铺平道路?美国学者约翰·埃斯波西托和达丽亚·莫格海德合著的《谁代表伊斯兰讲话?》为我们做了可贵的尝试。

本书作者突破了许多西方学者特别是西方的"东方学

者"的研究方法，不是把话语权归于自己，也不是把话语权给予某些"专家"和"学者"，让他们"代表"民众讲话，而是把话语权交给"沉默的大多数"，让13亿穆斯林自己去诉说对自己的宗教、文化和目前局势的看法。这部学术力作，其实是美国著名的盖洛普民调中心的一项庞大而历时持久的研究成果。从2001年到2007年，盖洛普进行了成千上万个以小时计算的面对面的访谈，访谈的对象涵盖了35个国家的居民，即涵盖了13亿穆斯林的90%以上的居民，因此成为"迄今为止对当代穆斯林进行的规模最大、最全面的调查研究"。让数据说话，让现实言说，是本书的最大特点。它向我们展示的不仅仅是历史与现实的真相，而且是难能可贵的研究方法和治学精神。正如作者所言，通过代表世界各地穆斯林观点的大量数据，为每个人的疑问寻求答案：穆斯林世界反美主义的根源是什么？谁是极端主义？穆斯林是否渴望民主，如果是，那么是怎样的民主？穆斯林妇女的真正愿望是什么？本书给此类焦点问题的答案，是数字和调查材料，是13亿穆斯林的声音，而不是由哪一个"专家"或"极端分子"来给出答案。盖洛普的研究具有积极而深远的现实意义，而最重要的一个发现便是：穆斯林与西方的冲突并非不可避免；冲突的原因是政策而不是原则。

作者不是简单地从目前的形势去研究这些问题的实质，而是从历史与现实结合的层面去追溯这些问题的来龙去脉；不是像许多西方学者（或被称为"东方学者"的学者）那样，由西方的所谓研究成果去描画什么是穆斯林或伊斯兰，而是深入穆斯林世界的第一线，由现实中的数据和穆斯林自己的言说去挖掘穆斯林和伊斯兰的意义。西方的一些学者和政治家惯于把所有穆斯林视为"铁板一块"，由此去定义穆斯林世界与所谓宗教极端主义和全球恐怖主义的关系。对此，作者通过大量现实中的例子来加以澄清。比如，西方学者或政府总是指责穆斯林妇女地位低下，缺乏对社会和政治的参与（美国在阿富汗战争中打的一个牌子就是改善穆斯林妇女的地位），作者则指出，穆斯林妇女的服饰、教育、就业机会和社会参与程度具有很大的差异性。在一些穆斯林社会，妇女不能开车并且有严格的性别隔离，但在穆斯林世界的其他许多地区，妇女可以开车、骑摩托车甚至驾驶飞机；在阿联酋和伊朗的大学，女生的比例多于男生。笔者 2001 年去马来西亚进修时也看到类似情况，而且看到许多学术或行政机构的负责人是女性而不是男性；我 2008 年去美国学术访问时，也发现许多穆斯林组织的领导人是女性，甚至一座清真寺里负责接待我们的伊玛目的助理也是女性。关于妇女参政议政的问题，作者指出，在土耳其、巴基斯坦、孟加拉国和印度尼西亚，妇女不但进入议会和内阁，甚至成为政府首脑（标榜妇女权益的美国还没有产生一位女总统），但在另一些国家，妇女正在为争取选举权和竞选权而斗争。作者用埃及的一个活生生事例来说明妇女在穆斯林社会中享有的地位："黎法特是一位五十多岁的埃及妇女，她在开罗大学获得了航空工程学的本科学位，又获得了土木工程学的博士学位。与此同时，她在照顾家庭和履行工作职责之间找到了平衡。"这位妇女谈到目前穆斯林妇女的地位时说："现在这在埃及根本毋庸提及，大学里到处是女性，有时比男性还多，她们非常优秀。"作为开罗大学精英荟萃的医学院，每年毕业致辞者几乎总是女生。根据联合国教科文组织2005年的《性别与发展报告》，在约旦、阿尔及利亚、黎巴嫩、科威特、利比亚、阿联酋、印度尼西亚、马来西亚和孟加拉国，2001—2002年，中学里女生和男生的注册比率是100%甚至更高。作者指出，把妇女权利当做伊斯兰教价值观与西方平等主义价值观之间的斗争，会给穆斯林世界带来战略威胁，它没有给妇女和她们的支持者留下选择的自由，反而赋予那些用反西方霸权之名来反对妇女权利的人以借口。

对妇女问题的探讨，凸显作者对穆斯林世界妇女的思想、心理和文化认同的深层把握，其深度和洞见在目前的同类研究中几乎无人能及。作者批评西方国家以"拯救心理"去面对穆斯林妇女的现状，指出如果穆斯林社会的改革在伊斯兰教的框架内推进，很可能是最见成效的。其根据是，妇女们自行反对禁止妇女在麦加大寺中做礼拜的提议；穆斯林学者根据伊斯兰教义发表声明反对对女性生殖器的损毁；巴基斯坦妇女运用《古兰经》来修订歧视性的强奸法，等等。2003年，受西方"指定"而代表阿富汗出现在全球小姐选美大会上的维达·萨曼德扎伊并未得到穆斯林世界妇女的认可，而且阿富汗妇女事务部长发表了一个强硬声明，强调萨曼德扎伊不能代表阿富汗妇女，也不代表她们追求自由的困境。时任部长的哈比芭·苏拉比说："赤裸地出现在照相机和电视机上不是妇女的自由，在我看来那是娱乐男人。"她强调妇女的价值不应当用她的"美"或身体、而应当用她的技能和知识来衡量。连萨曼德扎伊自己被要求穿上分体式的比基尼时，也感到很不舒服，说"这不属于我的文化"。尽管如此，一些西方观察家称这是阿富汗妇女进步的一个标志，全球小姐选美大会的裁判们宣布将第一次设立"事业美女"奖，并把它颁发给萨曼德扎伊。作者尖锐地指出，把解放主义与解放混同起来，只会让妇女解放的批评者更加强大，而削弱了那些希望从内部为妇女带来积极变化的人。关于西方标榜的男女平等，作者运用一位埃及妇女的话说："给一个农夫和一个木匠一人一把锤子让他们干活，他们确实得到了相同的待遇，但是并不平等。"男女平等在伊斯兰教的理念是尊严、信仰、名誉、谋生等基本权利的平等，而不是抹杀男女在生活中的具体分工。

当西方一些媒体把伊斯兰复兴运动统统视为"一种威胁"的时候，作者十分冷静地把它们做了区分，指出在土耳其、阿尔及利亚、约旦、科威特、也门、巴基斯坦和马来西亚，伊斯兰行动主义者被主流社会看做"另类精英"。但是在另一些国家里，伊斯兰组织的成员已经通过竞选进入议会和内阁，甚至成为首相或总统，如在土耳其、科威特、约旦、伊拉克、黎巴嫩、苏丹、伊朗、埃及、巴基斯坦、马来西亚和印度尼西亚；而在开罗、阿尔及尔、贝鲁特、棉兰老岛、约旦河西岸和加沙地区，伊斯兰组织在贫民窟和中低阶级街区提供社会服务，以及低廉而有效的教育、法律和医疗服务。而一直以来打着伊斯兰旗号的个别武装组织则与上述情况形成鲜明对照：他们在华盛顿发动"9·11"袭击，在马德里和伦敦实施爆炸。他们所反映的，是既威胁穆斯林世界又威胁西方世界的一种极端主义思想，他们在西方将穆斯林妖魔化之前就把穆斯林妖魔化了。但这种极端势力是个别现象，并不代表广大的穆斯林世界。然而，伊斯兰运动在当代的丰富性和多样性、温和的穆斯林主流社会和主流意识、13亿穆斯林的和平心声却被少数政治极端分子屏蔽和模糊了，于是，在一个简单地划分"我们"和"他们"的世界里，伊斯兰教——而不只是那些激进的穆斯林——被视为一种全球的威胁；同时，那些相信文明冲突日益逼近的人，不仅仅是本·拉登们，而且也包括作为美国学术精英的许多专家。

在作者看来，对西方与穆斯林之间的积怨和鸿沟，穆斯林中的极端主义、西方（特别是美国）的单边主义和沙文主义都难辞其咎。比如，当丹麦漫画事件激起穆斯林的抗议浪潮时，西方媒体普遍视之为西方言论自由权与穆斯林世界的暴力不宽容之间的冲突。这种简约化的定义，使双方不具代表性的群体主宰了争论，而忽略了双方呼吁推进穆斯林与西方之间关系和理解的温和派的声音。结果是，宗教极端分子指责西方民主是反宗教的，不可能与伊斯兰和平共处，这又给排外主义者和患"伊斯兰恐惧症"的专家们更多的理由去作类似的判断。作者通过盖洛普的调查指出，许多穆斯林赞同西方的言论自由，但穆斯林针对漫画事件的愤怒并不是因为他们不理解言论自由原则的价值，而是这些原则由谁来实施？以何种方式实施？以何种动机、针对何人？作者援引一位巴勒斯坦抗议者的话说：欧洲的言论自由具有双重标准：在德国，否定大屠杀是违法的，冒犯犹太人是不允许的，但冒犯穆斯林却没问题。另一位网络日志作者写道：如果个人表达的自由在欧洲如此受到珍视，那么，为什么不扩展到允许女孩子有穿她们想穿的衣服的自由？包括在法国的公立学校中戴头巾？

作者热情讴歌美国政府对1965年"瓦兹暴乱事件"的处理，并把它和漫画事件加以比较，认为这两个事件中暴力活动的爆发都是对外界视为"不起眼的小冒犯"的反应。但美国总统林登·约翰逊处理"瓦兹事件"的做法与漫画事件后西方的态度大相径庭。他首先设立一个专门的委员会负责调查这一事件，结果委员会发现了众多问题，包括贫穷、工作歧视、教育不平等、住房歧视等，所有这些问题都借白人警察对待黑人的行为体现出来，这些问题不应该因为黑人采取了街头暴力的抗议方式就被抹杀。美国政府通过立法或修改某些法律，以及更强的文化敏感性等措施来逐步解决这些实际问题。除了通过《民权法案》禁止房屋销售、租赁、贷款方面的歧视，文化媒体中也禁止出现带有种族主义色彩的内容，而代之以建设性的声音，如马丁路德·金的演讲等。约翰逊对"瓦兹事件"的处理给我们的启示是深刻的：如果一种暴力活动达到相当的规模，虽然不排除少数人煽动的因素，但这不能解释众多民众轻易卷入广泛的暴力活动，其中肯定隐藏着某种深层的文化、政治或经济原因。对此类事件的处理，除了对暴徒绳之以法，更重要的是通过文化、政治、教育和经济手段去根除少数人的煽动之所以起作用的内在因素，切实去落实民族、宗教、文化、社会、经济诸方面的平等理念。历史和现实中，暴力活动乃至极端主义，往往是一种现象，而不是本质。

关于极端主义产生的根源，作者的探讨是耐人寻味的。反恐战争已有六年之久，然而"越反越恐"，极端主义不仅没有销声匿迹，反而大有蔓延之势。而且，对伊斯兰教的恐慌在欧美急剧增加的同时，反美主义在穆斯林世界持续传播；在西方，人们为发生在伊拉克、以色列、巴勒斯坦、阿富汗、巴基斯坦和印度尼西亚的恐怖袭击和自杀式炸弹所震撼，而震撼穆斯林世界的，则是伊拉克被侵略和占领，发生在阿布格莱布和关塔那摩的虐行，以色列入侵加沙和南黎巴嫩造成的大量平民伤亡及惨绝人寰的图景。西方媒体一直渲染的一个信息是，宗教原教旨主义或宗教狂热分子受到圣战精神的鼓动，去实施自杀式爆炸，但作者用事实否定了这一说法。对1980—2004年间全球每一起自杀式袭击所作的研究表明，外来占领几乎是每一起袭击事件的诱因。罗伯特·派普在《拼死去赢：自杀式恐怖主义的逻辑》中写道："绝大多数自杀式袭击者与其说是受宗教的驱使，不如说是为了达到明确的战略目标，那就是迫使现代民主制度（实指西方国家——笔者）从他们视之为祖国的土地上撤回自己的军事力量。"20 世纪 80 年代黎巴嫩的恐怖袭击中，袭击者中只有 8 个穆斯林，3 人是基督徒，另外 27 人是共产主义者和社会主义者。许多武装伊斯兰主义者认为，2000 年以色列从黎巴嫩南部撤军，表明使用暴力和自杀式炸弹袭击的正确性。根据派普的研究，从 1995 年到 2004 年前期，基地组织三分之二的自杀式恐怖袭击都来自 1990 年以来美国驻扎重兵的国家。派普写道："在我们入侵前，伊拉克历史上从未发生过自杀式恐怖袭击。从来没有。自从我们入侵之后，自杀式恐怖主义急速增加，2003 年发生 20 起，2004 年发生 48 起，2005 年仅头五个月发生了超过 50 起。自美国在伊拉克驻扎 150000 人战斗部队后的每年，自杀式恐怖主义都在成倍增加。"可见政治诉求是自杀式爆炸的根本动因。

　　穆斯林（不仅仅是激进派）愤怒的另一个原因是，美国和西方在穆斯林世界推行民主和人权方面普遍采取双重标准。一些西方学者把近代以来穆斯林世界缺乏民主的原因归结于伊斯兰教，但本书作者的研究得出的结论却恰恰相反：西方给穆斯林世界强行划定边界，扶持不代表民意的统治者，由此产生脆弱的民族国家和不民主的政府，使独裁主义的文化在中东得以延续。其结果是，支撑民主制度至关重要的非政府组织要么处于政府控制之下，要么根本不存在，许多国家因此经历着经济和政治的双重失败。许多批评者认为，美国和西方对这些危机视而不见，反而支持穆斯林世界的独裁专制，打压本地区的民主力量，加剧了原有的危机，助长了反美主义的蔓延。许多西方学者提到伊斯兰主义者时，总是把他们和暗杀萨达特的圣战组织等相联系，但他们忽略了波及穆斯林世界的"静悄悄的革命"，这就是主流的、非暴力的伊斯兰政治和社会运动的存在，它们寻求通过选票而不是枪炮来获得权力，并推进改革。在20世纪80年代后期，在政治抗议和经济失败的重重压力下，穆斯林国家采取了有限的改革，一些国家破天荒举行公民投票。令人震惊的是，伊斯兰主义的候选人和政党以主要反对派的身份出现，在埃及、摩洛哥、土耳其、巴基斯坦、科威特、巴林、沙特阿拉伯、伊朗、阿富汗、马来西亚和印度尼西亚，伊斯兰主义者证明了自己是成功的政治博弈者，他们当选为总统、总理、市长、议会议员、内阁成员和国民大会的代表。在过去几年里，阿拉伯世界的宗教政党决定性地击败了他们的世俗对手，伊斯兰主义的候选人在各种选举中胜出：伊拉克2005年下半年的普选中，宗教性的什叶派联盟获得275个席位中的128个；巴勒斯坦地区十年内的首次选举中，哈马斯以绝对优势击败了世俗的执政党法塔赫；在埃及，穆斯林兄弟会出人意料地赢得议会五分之一的席位；在土耳其，正义发展党在2002年的议会选举中赢得多数席位（363席）；

在沙特阿拉伯，伊斯兰主义者在 2005 年的各项选举中表现突出，赢得麦加和麦地那两地市议会的全部席位。不过，在"9·11"后，从埃及到乌兹别克斯坦，利用美国主导的反恐战争，政府把所有反对派贴上极端主义的标签，从而操控选举，使专制政府合法化。美国和西方国家对此类专制政府镇压行为的默认或公开支持，使穆斯林认为美国和西方在推行民主方面的双重标准暴露无遗：长期支持专制政府，未能在穆斯林世界推行民主，如同苏联解体后在其他地区和国家做的一样。1992 年阿尔及利亚民主实验的失败，以及其后国家政权的暴力、监禁或酷刑折磨的经历，促使许多人不再参与政治过程。他们确信，强力和暴力是反对一个压迫政权唯一可诉诸的手段。这样，专制政府和美国政府共同为穆斯林地区的极端主义乃至恐怖主义营造着温床。萨马拉·内玛特在《华盛顿邮报》上撰文写道："民主在这些地区人们眼里成为丑陋的东西，对基地组织来说将是他们的成功，也是专制的阿拉伯政权的成功。他们可以告诉人民：看看美国人想要带给你们的民主。民主是个麻烦。你们最好忘掉美国人许诺你们的。他们承诺你们死亡。"美国和西方对巴勒斯坦问题上的态度也是其在推行所谓人权方面持有双重标准的一个典范。尼日利亚政治家兼社团领袖萨利赫·巴耶里说："不论以色列什么时候打击巴勒斯坦人，国际社会都视而不见或一言不发，一旦巴勒斯坦发起反击，美国、英国和以色列的其他盟友都会谴责这是恐怖袭击。"开罗大学女子学院的一

位女生说："美国已经全权委托以色列来进攻巴勒斯坦和
黎巴嫩，反恐战争是一场针对穆斯林的、可以随时定义的
战争。"

　　关于"冲突还是共存"的研究，其实是这部学术力作
的点睛之笔，也是对前面所探讨的所有问题的总结。作者
认为，反对全球恐怖主义的关键是在态度和政策上超越成
见和传统观念，在世界范围内建立起超越"我们"和"他
们"的伙伴关系。在西方，太多的人将伊斯兰教视为铁板
一块，认为它本质上是反西方的；对穆斯林和伊斯兰的讥
讽依然四处散播，无知的鸿沟深不见底。对于1400万犹太
人所遭受的歧视和偏见，我们有一个强有力的词汇"反犹
主义"（anti-Semitism）来描述，但是直到最近，才出现一
个词来描述对全球13亿穆斯林的偏见、歧视和暴力——
"伊斯兰恐惧症"。作者指出，谴责伊斯兰教只是简单的答
案，它比重新审视伊斯兰世界许多地区所关注的重要政治
议题和不满要容易得多。这些重要议题包括：许多穆斯林
政府和社会的失败和不足；美国外交政策中的干涉和独断
专行；西方对专制政府的支持；对伊拉克的入侵和占领；
支持以色列与反抗侵略和占领的哈马斯及真主党的军事斗
争。作者认为，丹麦漫画事件再一次凸显的问题是：伊斯
兰教与西方文化不能和平共处吗？这是否是文明的冲突或
文化战争？作者根据盖洛普全球民意测验的数据指出，更
多的穆斯林认为这个问题与捍卫西方民主价值没有多少关
系，却与激发"伊斯兰恐惧症"的欧洲媒体密切相关。穆

斯林大范围愤怒的原因，是西方诽谤伊斯兰教和穆斯林，将伊斯兰教等同于恐怖主义。因为丹麦漫画没有讽刺本·拉登和扎卡维这样的恐怖主义者，而是选择备受穆斯林尊重、被他们视为伊斯兰生活和价值榜样的先知穆罕默德进行嘲讽。和中东地区许多穆斯林学者的观点一样，作者认为穆斯林世界反美思潮的基本原因并不是文明的冲突，而是美国对穆斯林世界外交政策的结果。关于西方有人建议将伊斯兰教视为问题的根源，主张西方与之战斗，以推动民主与人权，作者指出这种说法恰恰疏远了穆斯林多数，殊不知他们正是西方与极端主义和恐怖主义作战的盟友。作者认为正是这种策略导致不明智的外交政策：支持世俗的政权镇压所有反对派，包括镇压主流的世俗领袖和穆斯林民主人士；使社会中发挥作用的主流伊斯兰政党边缘化。这种策略还导致违反公民自由的国内政策：任意审查和逮捕穆斯林，监视清真寺，关闭宗教机构。最终向穆斯林证明西方正在向伊斯兰教和穆斯林开战。如果说有人把伊斯兰教作为其恐怖行为的招牌，那么，基督教和犹太教也曾经成功作为极端主义和恐怖主义的根源（作者指出在过去十五年里，美国本土发生的绝大多数恐怖袭击是基督教组织干的。见原著 76 页），作者根据调查指出，伊斯兰教也可以作为让恐怖主义失信、限制恐怖主义蔓延的有力武器。例如在印度尼西亚，那些谴责"9·11"事件的人引述宗教原则或人文主义原则来支持自己的观点，而那些认为"9·11"事件是正当的人却是以"政治上的不满"

而非宗教的理由来支持自己的答案。主流穆斯林甚至比西方人更坚定地认为，与极端主义斗争、实现社会的现代化是自己的职责。作者由此得出的一个结论是，尊重伊斯兰教，将会鼓励温和的大多数穆斯林以虔诚的信仰为武器，运用《古兰经》的原则反对恐怖主义，让恐怖主义者放下武器。

　　现实的数据证明，伊斯兰世界存在着一种普遍的渴望，渴望更广泛的政治参与、民主化、责任政府和法治。但伊斯兰世界的主要忧虑在于，西方并非真正对穆斯林的自决感兴趣，他们只是希望扶持独裁政权，推行有自己标签的民主政治。西方的做法反而证实了激进派的看法，拉开了与温和的穆斯林多数的距离，强化了"反恐战争是针对伊斯兰教的战争"的观念。然而，让伊斯兰世界的人民和平地变革，自由地表达他们的不满，将会降低那些主张暴力为唯一可能手段的人士的吸引力。因此，西方与穆斯林的冲突并非不可避免，现有的冲突只是政策的冲突，而不是原则的冲突。作者用大量充满希望的例子证明，只要对冲突的根源作深入的理解，不同文化和群体之间的和谐共存并非遥不可及。在西方媒体以及西方意识形态独霸天下的今天，在沉默的穆斯林多数不被理睬的时代，本书作者以罕见的思想高度和非凡的胆识智慧，向世界展示13亿穆斯林的真实想法，使读者从中读到的不仅仅是世界的另一种声音，更是一种海纳百川的胸怀和对世界负责的治学精神。

# 译者后记

当初我们三人决定翻译《谁代表伊斯兰讲话?》时都非常兴奋,坚信这是一本值得给大家推荐的好书!

感谢陈彪编辑的大力支持,得力于他耐心和细致的工作,这本书终于要面世了。在此感谢盖勒普公司出版社,特别是两位作者从本书翻译启动和磋商到最后审稿的热情帮助。也感谢中国社会科学出版社编辑们所做的工作。

吴云贵教授的代译者前言"世界应该听听他们的声音",和书后穆斯林学者罕戈的书评"世界需要这样的声音"前后呼应,前者高屋建瓴,后者鞭辟入里,对读者的阅读和思考会提供很好的启迪。特别还要感谢上面二位及新疆的马效智朋友在阅读过程中对书稿翻译提出的修改意见,还有我们的同事张晓梅、李文斌也对译稿提出过宝贵建议,一并致谢。感谢我们的同事王希撰写了附录中的"伊斯兰教在中东"一节。

翻译这本书本身也是一个奇妙的旅程,我们三个译者在互相讨论中大有收获，而且在决心给本书增加一些插图、具象地显示穆斯林世界和伊斯兰教文化的多样性时，还得到很多不曾谋面的朋友们的无私相助："新疆民考汉论坛"的塔塔尔族网友刺猬和怡然，"中穆网"的网友麦子、马光月允许我使用他们的精彩图片；尤其要感谢网站www. muslimphotos. net 网站的主人、瑞典朋友 Athar，他慷慨地允许我们自由使用他在世界各地拍摄的精美图片。

本书的导言和前两章由晏琼英翻译，第三章、第四章由王宇洁翻译，李维建承担了第五章和附录的翻译。王宇洁和晏琼英完成统稿。

我们相信，这本书能够给读者提供最权威的信息：由13 亿穆斯林的声音展现一个古老宗教对时代的回应，占世界人口将近五分之一、分布于各地的穆斯林群体共同和各自的困境与希望、梦想与奋斗。我们希望本书能给读者开启一个新的视角，对不同文化和文明间的交流和交往有新的认识。

译者

2009 年 10 月